佐々木未来と学ぶ!

世界一わかりやすい

最強声優トレーニングBOOK

声優になる!

モデル　佐々木 未来
編集協力　専門学校東京アナウンス学院

日本文芸社

世界一わかりやすい最強声優トレーニングBOOK

もくじ

※各種運動について
本書に掲載している各種運動を行う際、体調に不安がある方、妊娠中の方（その可能性のある方を含む）、持病がある方などは、専門の医師と相談のうえ、指示に従ってください。

また、運動による効果は個人差があり、その効果を保証するものではございません。

いかなる事故やクレームに対しても、弊社、監修者、モデル等は一切の責任を負いません。

本書の使い方

本書は将来、声優になりたい人向けに、今からでも自宅などでできる簡単なトレーニングや、発音・発声の基本などを紹介しています。空いた時間を利用して、いろいろチャレンジしてみましょう。

なお、本書で紹介しているのはあくまで一例で、これがすべてではありません。声優体験のような感覚で、気軽に練習をしてみましょう。

POINT

体力づくりを習慣化する

声優はインドアな職業ではありますが、一にも二にも体力が重要です。集中してのトレーニングはもちろんいいのですが、普段の生活のなかでも体を動かす習慣をつけると嬉しいです。特別なトレーニングをしなくてもちゃんと体が作れているケースもあります。体力に自信がないという人は特に練習してみましょう。

○階段を使おう

○電車で立とう　○ひと駅歩こう

LESSON 1

トレーニング前の

準備体操

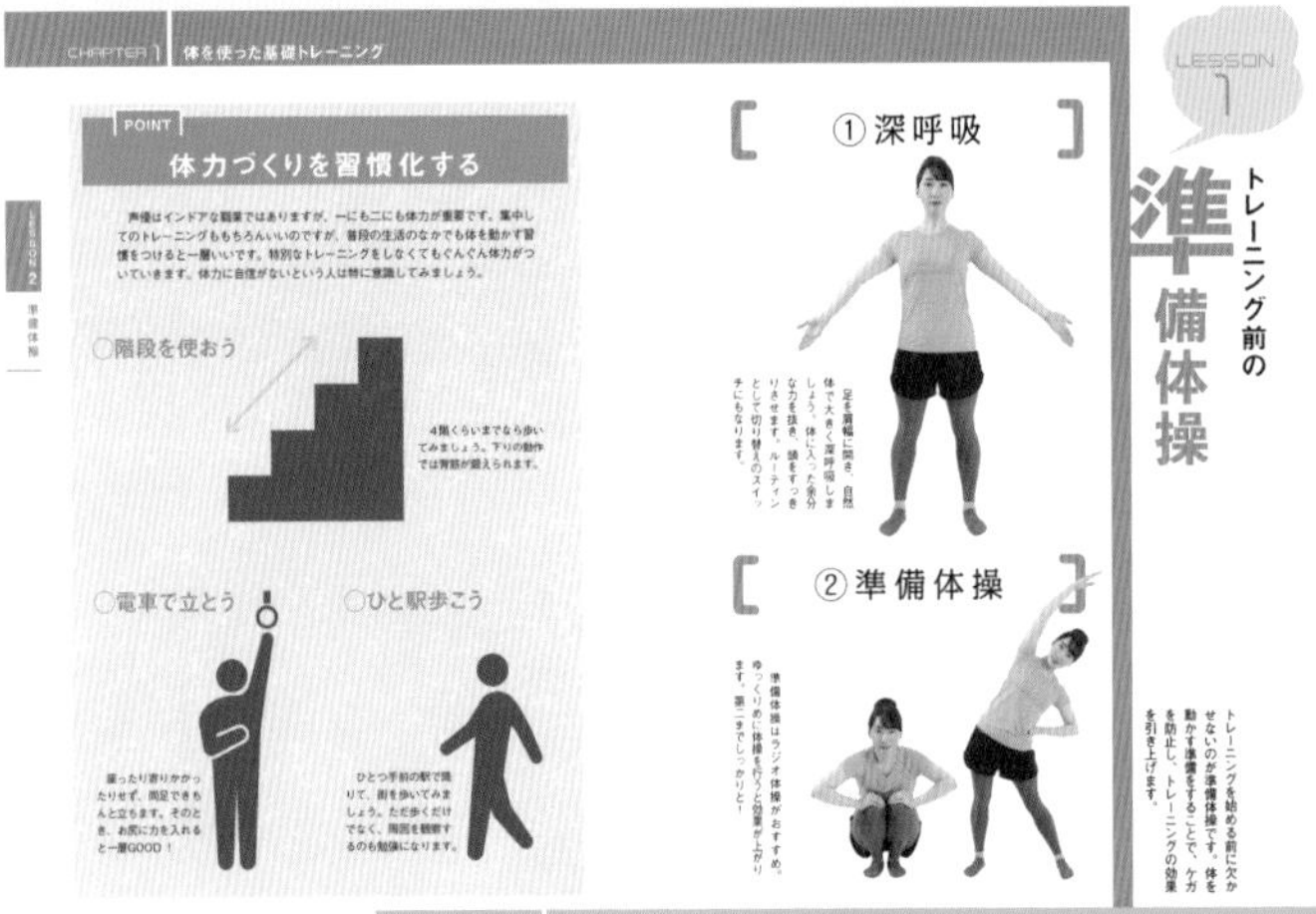

柔軟体操やお腹周りの筋トレ、腹式呼吸などは、ポーズを写真で紹介しています。

[① 深呼吸]

[② 準備体操]

LESSON 3

課題を声に出して読む

発音練習

[発音練習【ア行】]

STEP 1

アイウエオ　アエイウオ
アオウイエ　イエアオウ
ウオアエイ　エアオウイ

アエイウ　エオアオ
アオイウ　エアオウイ
アオアオ

STEP 2

アオイイエヲオイオイウル。
ウエオエアオイアオイオイオイオイウ。
アオイイエアオイアオイオイオイオイオ

STEP 3

青い家をおいおい売る。
上へ青い葵をおいおい植える。
お家の、お庭のお池のお蓮のお葉に
お蛙のお子がお三匹お止まり遊ばして、
お山椒のようなお目おばちくろがちくろ。
オイエノ、オニワノオイケノオハスノオハニ
オカエルノオコガオサンビキオトマリアソバシテ、
オサンショーノヨーナオメオバチクリオバチクリ。

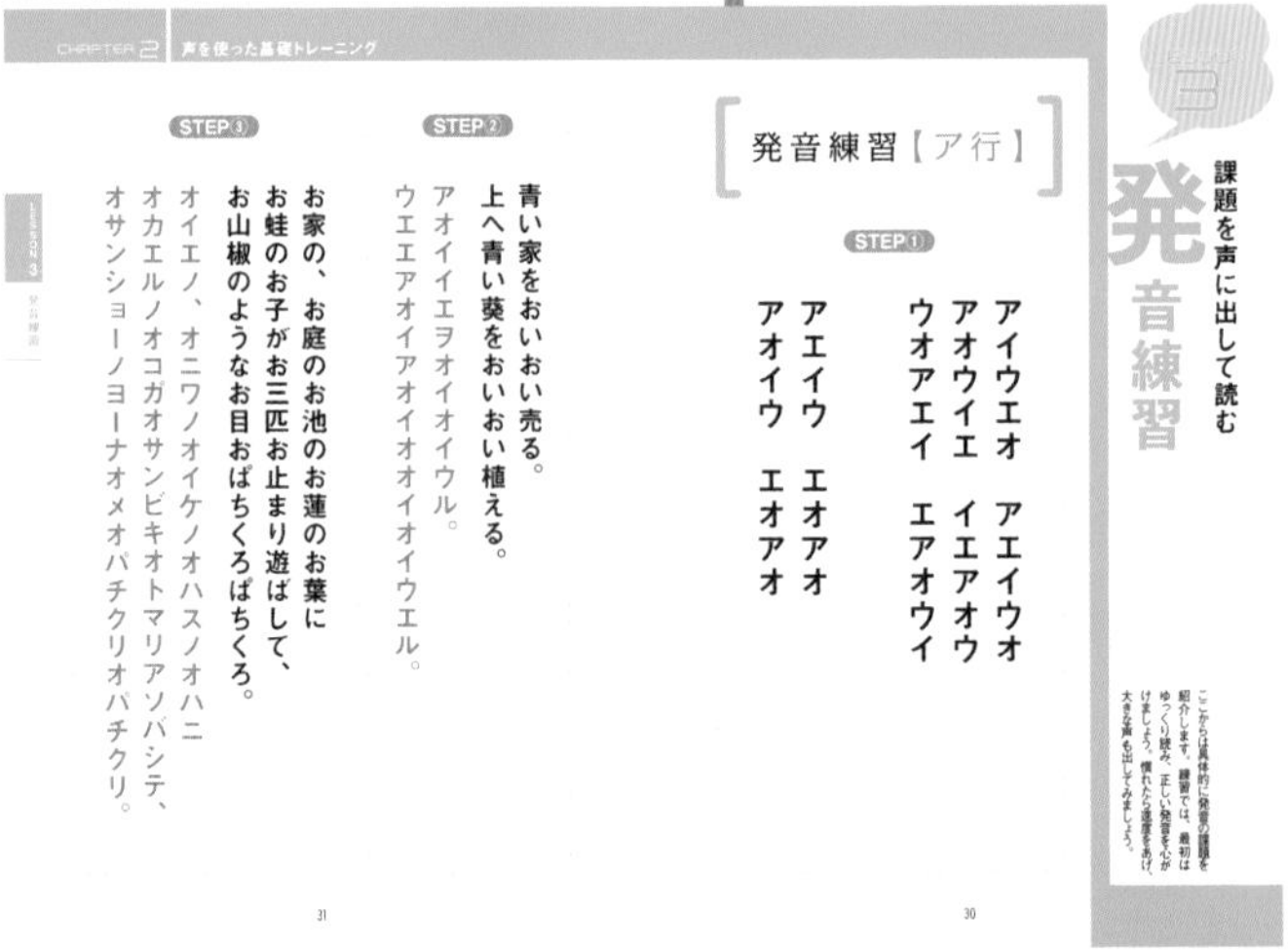

発音練習やアクセント、アーティキュレーションなどは、練習課題をいくつか紹介しています。

声優を目指すための心がまえ

取材にご協力いただいた、専門学校東京アナウンス学院の先生3人に、声優を目指す人たちに向けて、ぜひ今からでもやってほしいことをお伺いしました。声優志望の人たちは、これらのことを普段から心がけておきましょう。

色川京子先生

今からでも始めてほしいことは、声を出して人とコミュニケーションをとることです。最近はネットやスマホでのやりとりがコミュニケーションの主流ですが、声優を目指すのであれば、まず声を出すこと、きちんとした発音の日本語でしゃべることは基本です。本格的な勉強の前に、普段から親や先生などと会話・挨拶をし、コミュニケーションをとって、声を出すことに慣れてほしいですね。

押田浩幸先生

イメージが湧かないかもしれませんが、声優の世界は意外と体育会系なんです。まず、演技をするということは想像以上に疲れるので、体力をつけてほしいです。といっても本格的な筋トレではなく、エレベーターを使わず階段を使うといったことから始めてみましょう。また、先輩・後輩の上下関係も厳しい世界なので、普段から挨拶や礼儀を身につけておいてください。

倉田雅世先生

専門学校などに入る前にできることとしては、とにかく本を読んでほしいです。声優は台本を読む、つまり文章を読むお仕事ですが、読解力が必要です。どんな本でもかまいませんが、ひとつのジャンルに偏らずにいろいろなジャンルに触れましょう。声優は自分で仕事を選べませんから、どんな仕事がきてもいいように、幅広く読んでほしいですね。

声優になりたい人が今から意識しておきたいこと

1 声優も立派な社会人。礼儀やコミュニケーションは大事

特殊な業界の職業という印象がある声優ですが、社会に出れば立派なひとりの社会人です。スタッフもほかの声優もみんな、現場に「仕事」をしにきていることは大前提です。挨拶や礼儀作法、それからコミュニケーションは大事なことです。社会に出てからいきなり困ったりしないよう、今のうちに少しずつ慣れていきましょう。

2 適度な体力はつけておく

普段我々も怒ったりすれば疲れますが、それと同じく喜怒哀楽の演技をするとかなり疲れます。声優はマイクの前に立ちっぱなしのイメージがありますが、声優も役者ですから、動いていなくてもやはり体力をかなり消耗するのです。すぐに疲れてしまうようでは、先が思いやられます。アスリート並みの体力は必要ありませんが、ある程度の体力はつけておきましょう。

3 一般的な教養、一般常識は最低限身につける

声優は台本という商売道具で仕事をします。そこに書かれてある言葉で知らない単語が出てきて、わからなかったり読めなかったりしては、仕事になりません。特殊な言葉ならともかく、一般教養レベル、学校では最低限習っていることでいちいちつまずいていては、仕事がはかどりません。周りにも迷惑をかけてしまうので、勉強はしっかりしておきましょう。また同様に、一般常識などもちゃんと身につけましょう。

4 いろいろな本、映画、ドラマ、舞台などに触れる

趣味の範囲でなら、好きな作品だけ見ていればいいのですが、声優を目指すのであれば、さまざまな本、映画などに触れておきましょう。声優は自分で仕事を選べません。あらかじめいろいろなジャンルに触れておけば、いつどんな作品の仕事がきても対処できるはず。時間に余裕のある学生のうちから、将来の勉強のためになるべく多くのジャンルに興味をもって、たくさんの作品に触れておきましょう。

CHAPTER 1

体を使った基礎トレーニング

LESSON 1

トレーニング前の準備体操

トレーニングを始める前に欠かせないのが準備体操です。体を動かす準備をすることで、ケガを防止し、トレーニングの効果を引き上げます。

①深呼吸

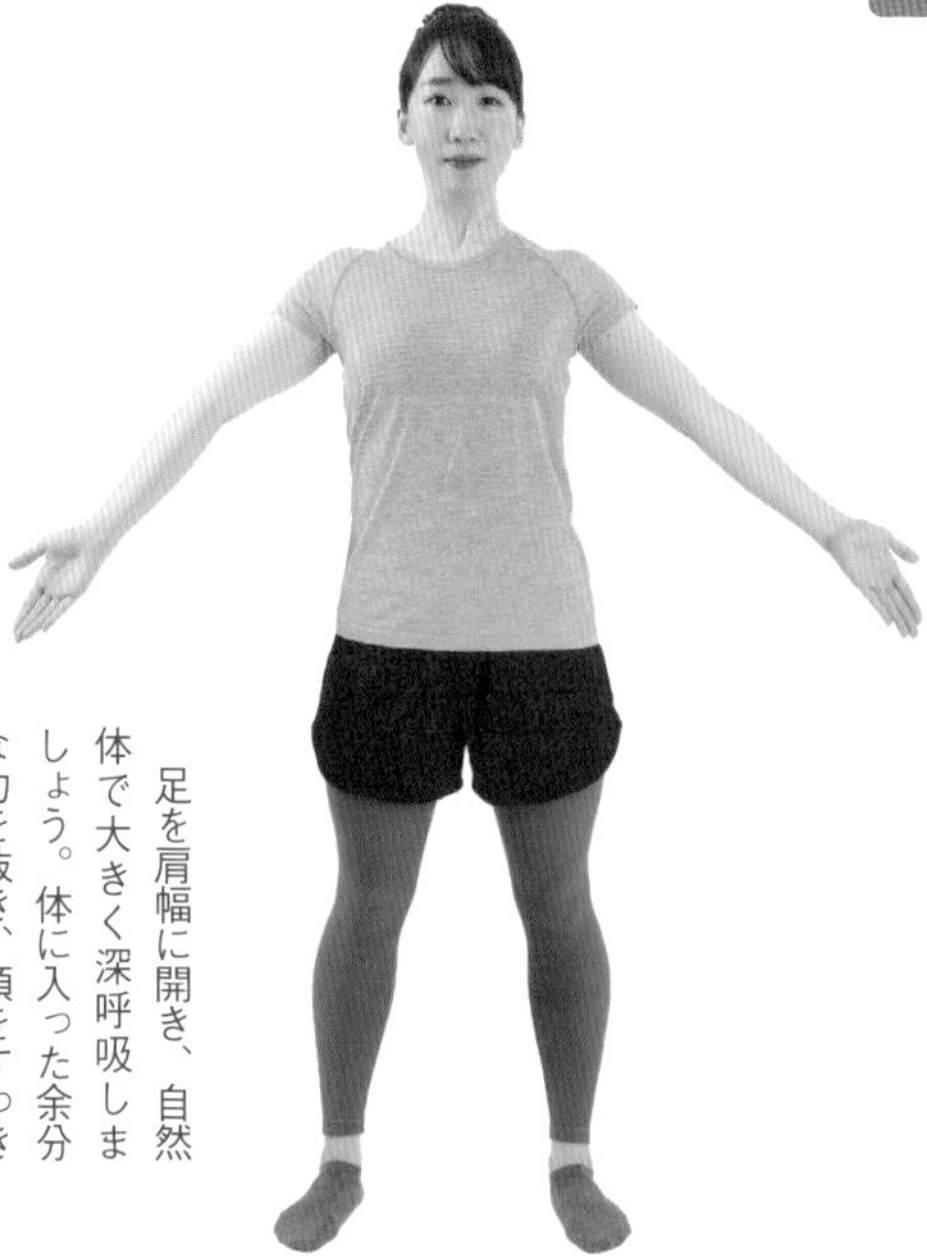

足を肩幅に開き、自然体で大きく深呼吸しましょう。体に入った余分な力を抜き、頭をすっきりさせます。ルーティンとして切り替えのスイッチにもなります。

②準備体操

準備体操はラジオ体操がおすすめ。ゆっくりめに体操を行うと効果が上がります。第二までしっかりと!

POINT

体力づくりを習慣化する

声優はインドアな職業ではありますが、一にも二にも体力が重要です。集中してのトレーニングももちろんいいのですが、普段の生活のなかでも体を動かす習慣をつけると一層いいです。特別なトレーニングをしなくてもぐんぐん体力がついていきます。体力に自信がないという人は特に意識してみましょう。

◯階段を使おう

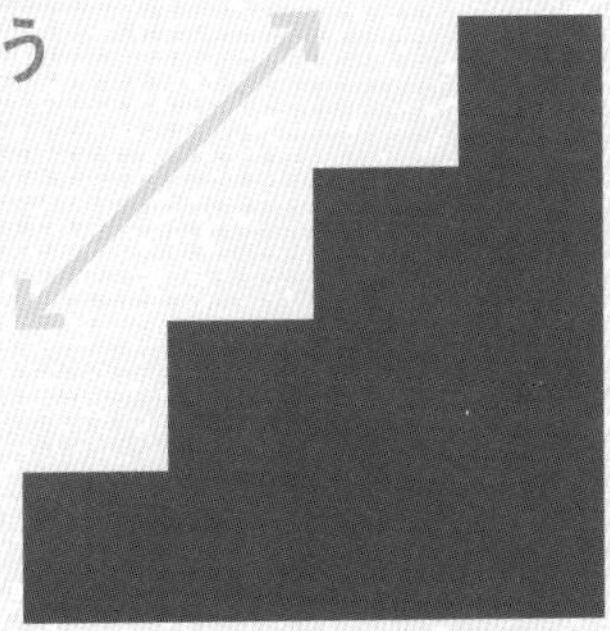

4階くらいまでなら歩いてみましょう。下りの動作では背筋が鍛えられます。

◯電車で立とう

座ったり寄りかかったりせず、両足できちんと立ちます。そのとき、お尻に力を入れると一層GOOD！

◯ひと駅歩こう

ひとつ手前の駅で降りて、街を歩いてみましょう。ただ歩くだけでなく、周囲を観察するのも勉強になります。

LESSON 2

柔軟体操

体の余分な力を抜く

準備運動が終わったら、体をほぐして筋肉を柔らかくしましょう。余分な力が抜けて、筋トレでケガをしにくくなります。

①股関節を伸ばす

足の裏をくっつけて、膝を上下にパタパタさせます。このとき、背中が丸まらないように注意しましょう。体が硬い人は、背筋を伸ばしたまま前傾気味にします。

②前屈

大きく息を吸って、吐きながら体を倒します。膝が曲がらないように気をつけましょう。均等に息を吐くのが難しいときは、「1、2、3、」と声を出してカウントします。

つま先がつかめるくらいを目標に、無理せずゆっくり行いましょう。

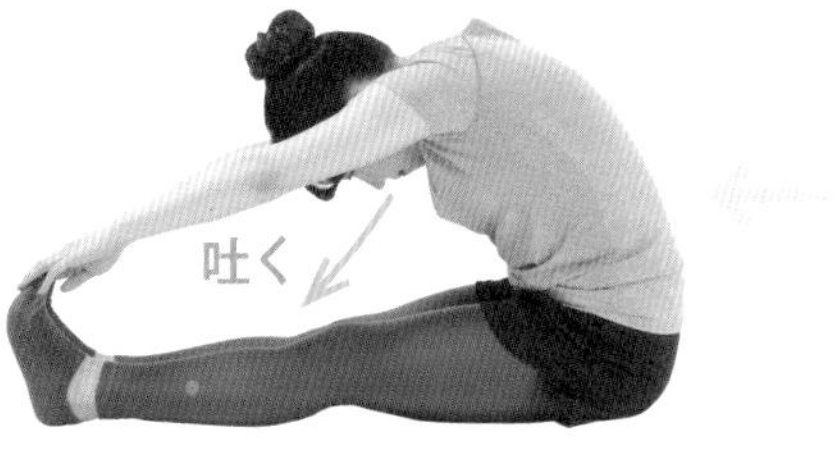

まずは足首を立てて行い、十分に伸びたら、今度はつま先をまっすぐに伸ばしてやってみましょう。伸びる筋肉が先ほどと変わっているはずです。
「今、どこの筋肉が伸びているのか？」を意識して行うと、効果が上がります。

③開脚

背筋を伸ばして座り、足を開きます。太ももの内側が気持ちよく伸びるくらいで大丈夫です。足首が内側に入らないよう、しっかり立たせましょう。そのままゆっくりと息を吐きながら体を前に倒します。上半身を床につけるようなイメージで、腰から曲げていきます。

④脇腹を伸ばす

次に脇腹を伸ばしていきましょう。まずは左手を天井へと伸ばし、大きく息を吸います。右手は力を抜き、前へ垂らしておきましょう。

息を吐きながら体を右へと倒します。手を引っ張られるようなイメージで、足の上に耳を乗せるようにまっすぐ伸ばしましょう。

今度は反対側です。背中や腰、肩が丸まらないように意識しましょう。軽く胸を張るようにするとよいでしょう。

⑤足のストレッチ

足を前に伸ばし、太もものストレッチをします。片足を曲げて、足の裏を上にし、お尻のそばまで持ってきます。痛くないくらいの位置で大丈夫です。

そのままゆっくりと息を吐きながら上体を後ろに倒し、寝転がりましょう。後ろに手をついても大丈夫ですが、腹筋を意識しましょう。

気持ちよく足が伸びているのを感じながら、10～15秒腹式呼吸を行います。全身の力を抜いてリラックス。最後に息を吐き切ったら、吸いながら体を起こしましょう。

反対側も同じようにします。

⑥上体ひねり

全身を伸ばすストレッチをしましょう。伸ばした左足の外側に、膝を立てて右足をつきます。左足の膝の横に、右足のかかとがあたるようなイメージです。

息を吸いながら体をひねり、右足の膝に左腕の肘をひっかけるようにします。右手は後ろにつきます。

右肩と左肩が棒でつながっているような気持ちで、肩と背筋をまっすぐに保ちましょう。

息を吐きながら腕を伸ばし、さらに体をひねりましょう。全身のどこの筋肉が伸びているのか意識しましょう。10〜15秒で息を吐き切り、元の姿勢に戻ります。右足を伸ばし、今度は反対側で同じようにします。

⑦顔ジャンケン

最後は顔のストレッチです。表情筋を柔らかくすることは、口を大きく開くのはもちろん、滑舌にも影響してきます。

まずは顔を思いっきり中心に寄せる「グー」。眉毛から下唇までを鼻にくっつけるようなつもりで力を入れましょう。

真ん中に集めた顔のパーツを、今度は外へと開きます。眉が飛んで行ってしまうくらい、目玉がこぼれ落ちるくらい、あごが外れるくらいの気持ちで、思いっきり「パー」!
この運動は顔のたるみなどにも効くので、続けることであごのラインがすっきりします。

⑧深呼吸

ストレッチのあとには深呼吸で体の調子を整えます。深呼吸をしながら、体のどこかを痛めていないか、伸ばし足りないところがないかを意識して探りましょう。気持ちよく体の力が抜けていれば、ストレッチは完了です。

POINT

体が柔らかいことによるメリット

　日常生活でのことになりますが、とにかくケガをしにくくなりますね。健康に悪いことはひとつもないです（笑）。

　体を柔らかくするために行うストレッチなどは、筋肉の緊張をほぐす効果もあるので、発声にもいいのかなと。緊張した状態では、声がガチガチになってしまいますからね。

LESSON 3

発声に必要な筋肉をつける お腹周りの筋トレ

「腹から声を出せ」とよく言いますが、やっぱりよい声を出すにはお腹周りの筋肉が重要です。腹筋を鍛えると姿勢も保ちやすくなります。

① 横になる

ひとりでできる腹筋トレーニングのひとつ、足上げ腹筋を行います。
まずは床に横になり、足を揃えます。腕は頭の下で軽く組む、もしくはまっすぐ横や下に伸ばしておきます。

② 足を45度に

息を吸いながら足を伸ばしたまま45度の角度まで上げます。勢いで持ち上げず、腹筋が使われているのを意識しましょう。息は決して止めないように！

③ 息を吐きながら20秒キープ

ゆっくりと息を吐きながら20秒キープします。キツいときは左ページのように膝を曲げたり、足の位置を上げたりしましょう。声に出してカウントするのも◎。

④足を横へ倒して20秒

45度をキープしたまま、腰からひねって足を体の横へと倒します。足が床につかないように20秒キープ。今度は反対側へ倒しましょう。肩が浮かないように注意します。

キツいときは……

○休憩する

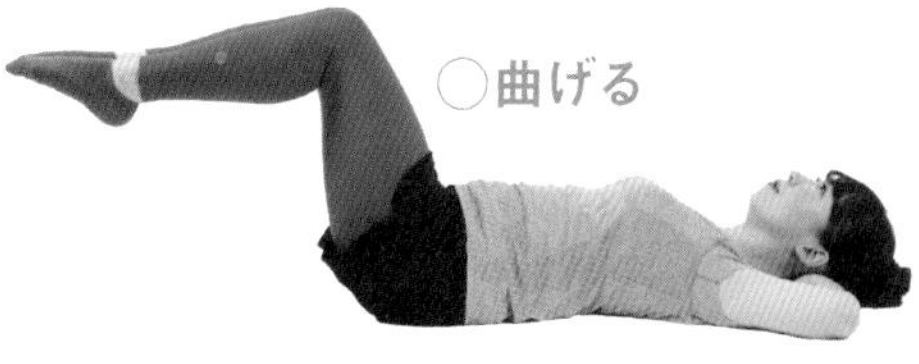

○曲げる

注意

足上げ腹筋の最中、腹筋以外の場所が痛いときは正しいトレーニングになっていない証拠です。体を痛める原因になります。

○腰がそる

腹筋が足りていない証拠です。まずは膝を曲げて行いましょう。

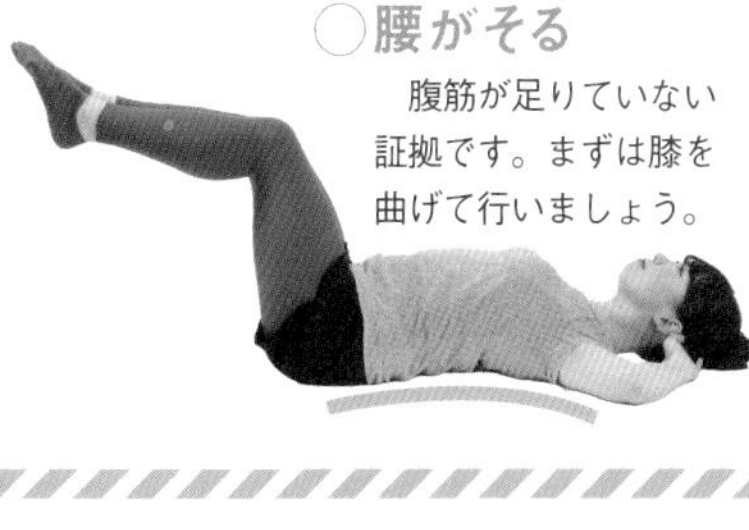

○足が痛い

お腹でなく足の力で持ち上げると、太ももなどが痛くなります。

LESSON 4

すべての基本 腹式呼吸

発声に適した呼吸を覚えることで、喉を痛めることなく声を出すことができるようになります。やり方を覚えたら、普段から呼吸を意識しましょう。

腹式呼吸とは

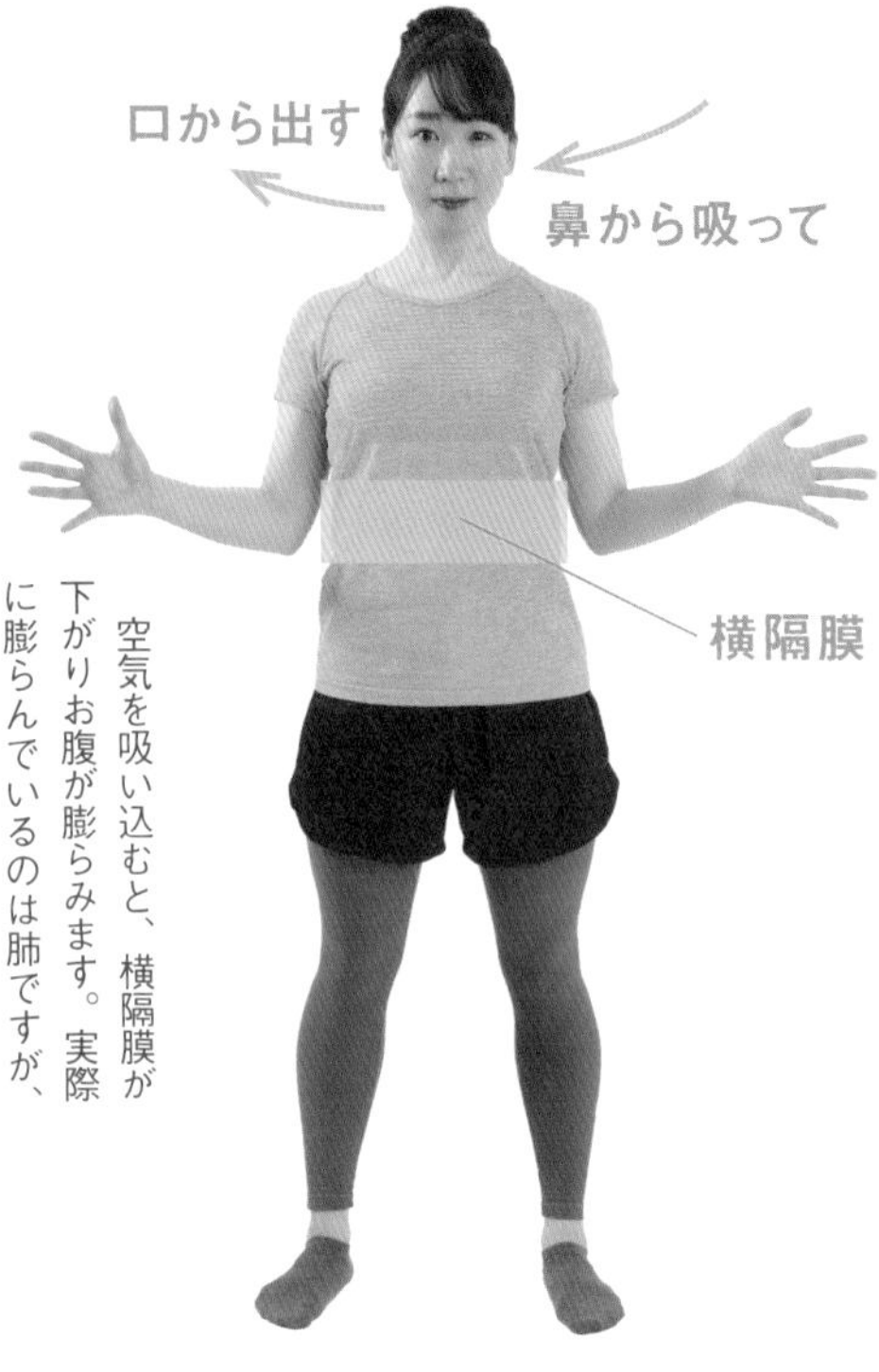

空気を吸い込むと、横隔膜が下がりお腹が膨らみます。実際に膨らんでいるのは肺ですが、お腹が上下するので「腹式呼吸」といいます。

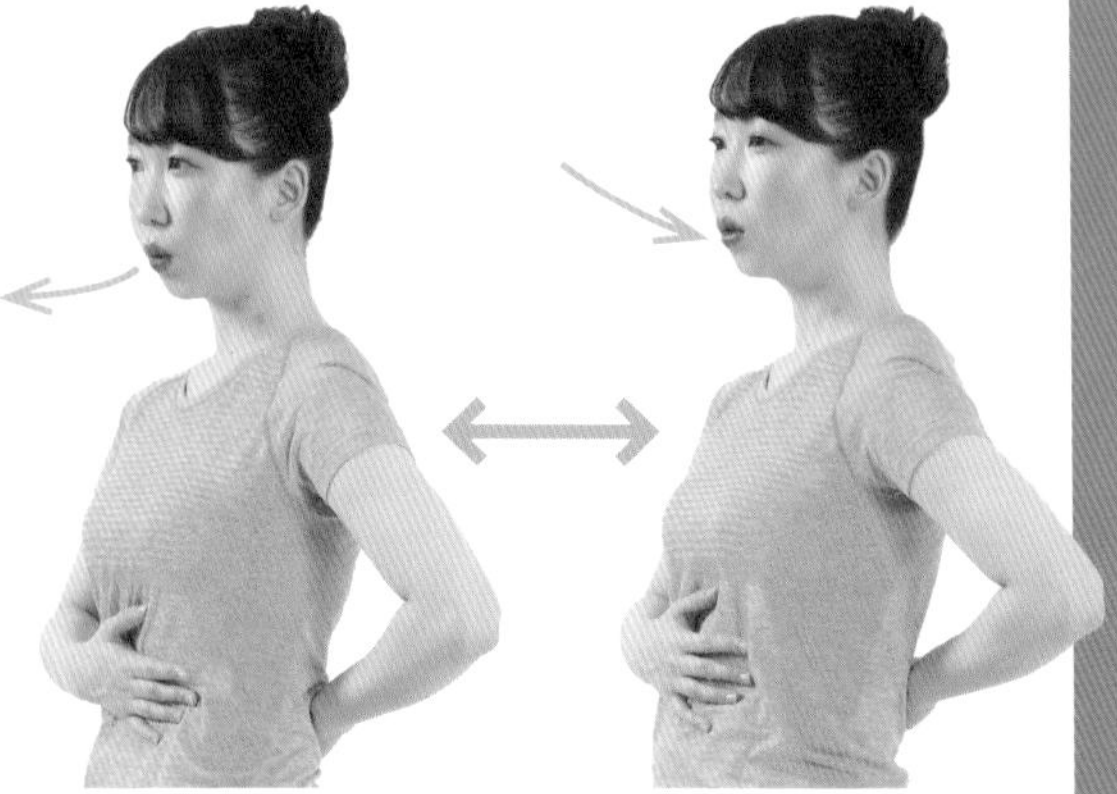

めいっぱい吸い込んで、思いきり吐く。お腹がちゃんと動いているか、手を当てて確認してみましょう。

うまくいかないときは

お腹の動きがよくわからないという人は、寝転がってやってみましょう。人間は横になると自然に腹式呼吸になります。ちなみに、腹筋がついているとお腹の膨らみがわかりにくいこともあります。

　肺いっぱいに空気を吸い込み、腹筋を使って全部出し切る。呼吸の感覚がつかめたら、もう一度立って行ってみましょう。

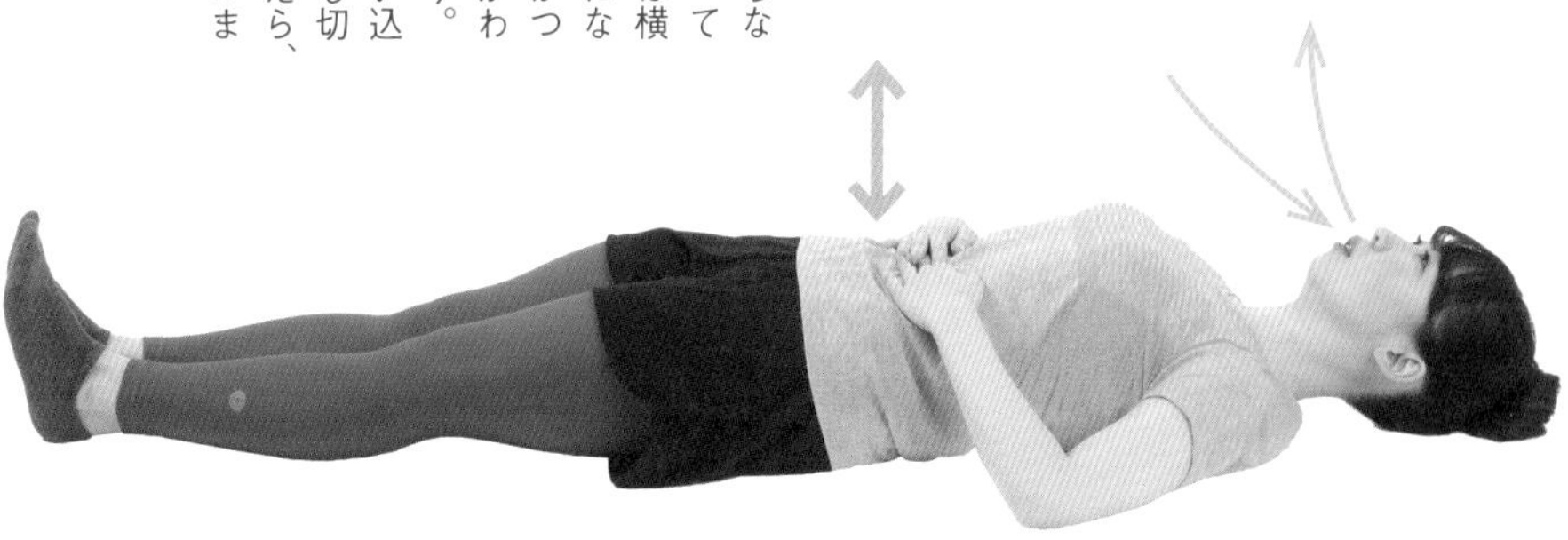

POINT

腹式呼吸の大切さ

　腹式呼吸は基礎中の基礎ですよね。筋トレからスタートするような、厳しめの合唱部に所属していたときに、腹式呼吸についても学びました。お腹から声を出すことで、喉を痛めにくくなります。

COLUMN

声優のお仕事

声優とは文字通り、声の役者さん。アニメや外国映画の吹き替えなどが主な仕事になります。しかし最近はそれ以外にも、声という特色を生かし、ラジオや音楽活動など活躍の場は広がっています。重視される要素もそれぞれ異なり、マルチな技術も求められるのが今の声優事情といえるでしょう。

声優のお仕事で重視されるもの

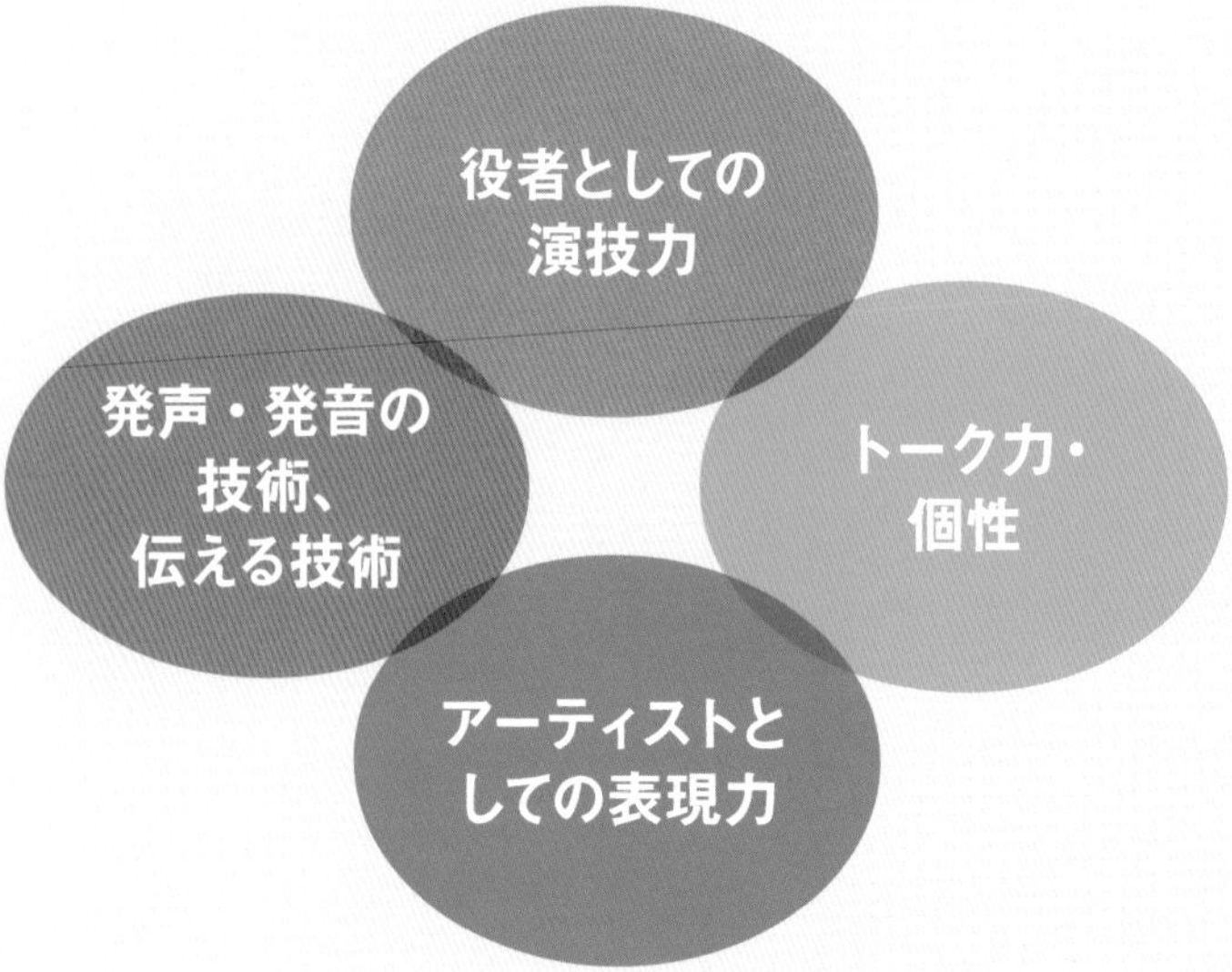

アニメアフレコ

アニメのキャラクターたちに声を吹き込むアフレコは、声優を目指す人たちにとっては最も憧れる仕事といえます。ただそれだけに、オーディションでの競争率は高くなります。そして、キャラクターの特徴や喜怒哀楽を、しっかりと表現できる演技力や表現力が求められるので、配役の候補にあがるべく、一本一本の仕事を丁寧に行わないといけません。端役からスタートし、徐々に大きな役をつかむといった流れが多いようです。

吹き替え

外国の映画やドラマに、日本語で吹き替える仕事です。昨今はスピーディーな展開の映画も増えており、字幕では不便ということから吹き替え版の需要も増えました。また、外国人俳優の声に日本語に訳した音声を重ねる「ボイスオーバー」も吹き替えの一種といえます。外国人俳優の口の動きに合わせてセリフをしゃべる必要があるので、アニメよりは自然な演技が求められる仕事です。

ラジオパーソナリティ

発声や滑舌がしっかりしている声優の声は聞きやすいので、ラジオ番組のパーソナリティとして重宝されています。アニメやゲームのタイアップ番組も多くなりました。ラジオドラマの場合はもちろん演技力が大事ですが、パーソナリティの場合はトーク術や本人のキャラクターも重要になってきます。一定の知名度を得てからオファーがくるケースが一般的ですが、先輩声優の番組のアシスタントからスタートするケースもあります。

ゲームCV

ストーリー性を持ったゲームでは、キャラクターの声を吹き込む仕事が多くあります。とくに最近はキャラクターが多数登場するゲームアプリが増え、需要は高いといえます。共演者が同じブースに入るアニメのアフレコとは異なり、ひとりひとりがマイクの前で録音を行う「オンリー録り」が定番です。また、分岐でさまざまなパターンに展開するため、似たようなシチュエーション・セリフが多く、セリフは膨大な量になります。

ナレーション

ニュースやCMだけでなく、企業のプロモーションビデオ、ドキュメンタリー、店内放送など多岐にわたる仕事です。最近は電車・施設内のアナウンスや、博物館などの音声ガイドといったものも増えています。ナレーションの目的は番組内容や商品の特徴などをわかりやすく伝えること。演技力よりも、原稿の意図を理解する読解力と、正確な発音・アクセントといった基本スキルが厳密に問われます。

そのほか

そのほかにも声優の仕事はバラエティ豊かで、とくにキャラクターとして主題歌や挿入歌を歌う機会は多いといえます。そこから人気を得て、オリジナル楽曲でアーティスト活動を展開する人もいます。最近は、アニメやゲームの関連イベントやネット番組への出演なども増え、いわゆる「顔出し」も当たり前な時代になりました。このほか、劇団出身の声優が舞台公演を行ったり、声優から舞台進出するケースもあります。

CHAPTER 2

声を使った基礎トレーニング

LESSON 1

口のことを知る

口や舌を確認して正確に

発音練習ではまず、正確に発音することが大事。母音・子音の口の開き方や、舌の位置などを意識しながら練習し、明瞭な発音になるようにしましょう。

口の中を知ろう

発音で大切なのは口と舌。口の開き、舌が口の中の上側のどこに接近するかで音質が決まります。

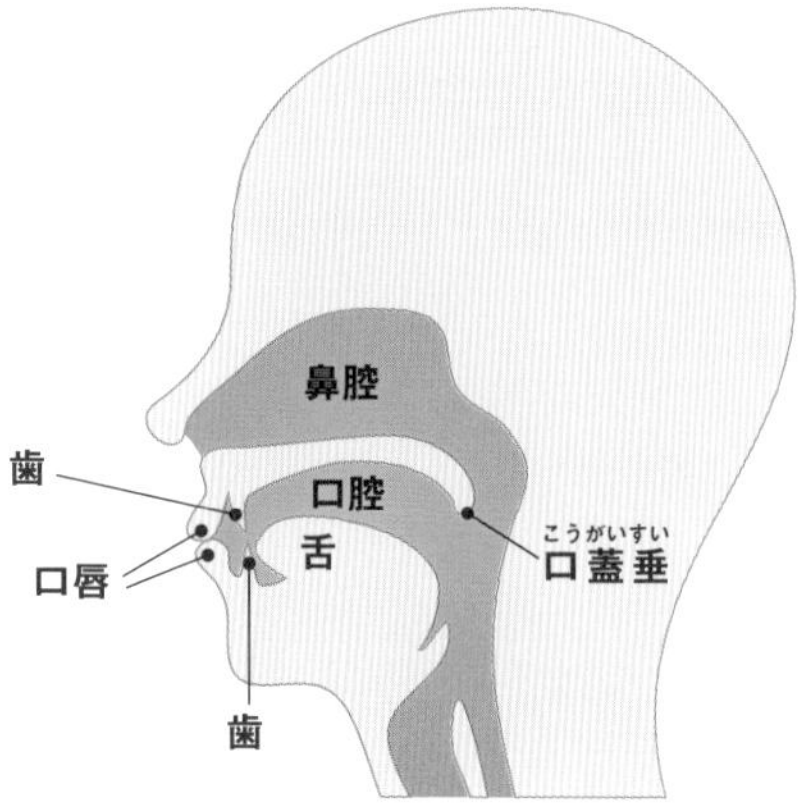

発音の際の口の形
～母音の発音～

口の形は以下の通り。アエアエを繰り返してエの、アオアオでオの、エイエイでイの、オウオウでウの舌の位置を確かめる練習をしましょう。

口に指が２本入る程度にあごを大きく開き、舌はあごと一緒に下げます。

あご ……………… **下へじゅうぶん開く**
舌 …… **力を抜いて自然に平らにおく**

あごの開きはアとイの中間で、舌先をアより前に高く持ち上げます。

あご ……………………「ア」と「イ」のあいだぐらいに開く
舌 ……………… 舌先を「ア」より前に高く持ち上げる

唇は平たくわずかに開け、両端を左右に引き、あごはほとんど開きません。

あご ………………… ほとんど開かない
舌 ………… 舌先を上あごへできるだけ近づける

ウより唇を丸め、舌の奥を半ば上げ、舌の位置はアより後ろに持ち上げます。

あご …………「エ」と同じぐらい開く
唇 ……………………… しぼって丸める
舌 ……………………… 奥を盛り上げる

唇の両端を中央へやや寄せ、舌の奥を高くし、上あごの奥へ近づけます。

あご ………………… ほとんど開かない
舌 ……………………… 奥を盛り上げる
唇 ……………… すぼめてやや丸くする

POINT

口の形について

収録のときに自然にその形になるよう、練習のときに口の形を身につけておくといいと思います。形ばかりに気を取られると、演技が不自然になってしまいそうなので。

LESSON 2

標準語の発音

日本語の標準をまずしっかり

どんなアニメも基本は標準語で制作されます。標準語の発音を知ることは、基礎中の基礎。地方に住む人も、関東圏の人も、今一度確認しましょう。

母音の無声音化

母音は声帯を震わせる有声音ですが、震わせない無声音になる場合があります。前後の子音に関係していることが多く、基本的なパターンは左記の通り。喉に指を当てて震えを確認しましょう。

無声音化の基本パターン

・「イ」と「ウ」が無声子音（カ行、サ行、タ行、ハ行、パ行）にはさまれた場合。
例：キク＝ kiku

・語尾にあり、アクセントがついていない場合。

例①

気候。奇跡。ありました。下。しかし。
明日。もしもし。地下室。内気。光る。
卑怯。ひとり。ぴかぴか。

キコウ。キセキ。アリマシタ。シタ。シカシ。
アシタ。モシモシ。チカシツ。ウチキ。ヒカル。
ヒキョウ。ヒトリ。ピカピカ。

例②

駅頭で易者が、秋田さんとはときたま
秋風が吹くと言うのを、御用聞きは
好奇心からいきさつを聞く。

エキトーデエキシャガ、アキタサントハトキタマ
アキカゼガフクトイウノヲ、ゴヨーキキハ
コーキシンカライキサツヲキク。

※△＝無声音化

鼻《び》濁《だく》音《おん》

標準語では、ガ行が「鼻濁音」という鼻に音を抜く発音となる場合があります。単語の語中・語尾にガ行が入る場合が多く、柔らかい発音になります。国語で習わないので東京の人でも馴染みは薄いのですが、お芝居やアナウンサーなどの世界では常識。下記にある、ンやナ行・マ行＋鼻濁音を繰り返して、鼻に抜く発音を覚えましょう。

鼻濁音の基本パターン

- 「ガ行」が単語の語中、語尾にある場合。
- 助詞の「ガ」。
- 「ン」の前か後にくる「ガ行」。

例①

ン＋鼻濁音で覚える

ンカ゚	ンキ゚	ンク゚	ンケ゚	ンコ゚
因果 インカ゚	難儀 ナンキ゚	文具 ブンク゚	人間 ニンケ゚ン	言語 ゲンコ゚
沿岸 エンカ゚ン	演技 エンキ゚	番組 バンク゚ミ	今月 コンケ゚ツ	信号 シンコ゚ウ

例②

ナ行・マ行＋鼻濁音で響きを覚える

長ぐつ ナカ゚ク゚ツ

苦虫 ニカ゚ムシ

薙刀 ナキ゚ナタ

目薬 メク゚スリ

※゜＝鼻濁音

LESSON 3

発声・発音練習

課題を声に出して読む

ここからは具体的に発音の課題を紹介します。練習では、最初はゆっくり読み、正しい発音を心がけましょう。慣れたら速度をあげ、大きな声も出してみましょう。

発音練習【ア行】

STEP①

アイウエオ　イウエオア
ウエオアイ　エオアイウ
オアイウエ

アエイウ　エオアオ
アオイウ　エオアオ

STEP②

青い家をおいおい売る
上へ青い葵をおいおい植える
アオイイエヲオイイオイイウル
ウエエアオイアオイヲオイイオイイウエル

STEP③

お家の、お庭のお池のお蓮のお葉に
お蛙のお子がお三匹お止まり遊ばして、
お山椒のようなお目おぱちくりおぱちくり
オイエノ、オニワノオイケノオハスノオハニ
オカエルノオコガオサンビキオトマリアソバシテ、
オサンショーノヨーナオメオパチクリオパチクリ

発音練習【カ行】

STEP①

カキクケコ
クケコカキ
コカキクケ

キクケコカ
ケコカキク

カケキク
カコキク

ケコカコ
ケコカコ

STEP②

毛虫に欅が、欅に毛虫が、
欅と毛虫、毛虫と欅
ケムシニケヤキガ、ケヤキニケムシガ、
ケヤキトケムシ、ケムシトケヤキ

STEP③

一寸ばかりの小小僧が
小袈裟に紺ころもに小数珠を小首にこがけて
小坂を小降りに小寺に参り候
イッスンバカリノココゾウガ
コゲサニコンコロモニコジュズヲコクビニコガケテ
コサカヲコブリニコデラニマイリソーロー

発音練習【ガ行】

STEP①

ガギグゲゴ
グゲゴガギ
ゴガギグゲ

カ゚キ゚ク゚ケ゚コ゚
ク゚ケ゚コ゚カ゚キ゚
コ゚カ゚キ゚ク゚ケ゚

ギグゲゴガ
ゲゴガギグ

キ゚ク゚ケ゚コ゚カ゚
ケ゚コ゚カ゚キ゚ク゚

STEP②

粉米の生噛み、粉米の生噛み、
こん粉米のこ生噛み
コゴメノナマガミ、コゴメノナマガミ、
コンコゴメノコナマガミ

STEP③

家の潜り戸は栗の木の潜り戸、くぐりよい潜り戸
隣の潜り戸は栗の木の潜り戸、くぐりにくい潜り戸
くぐりつければ、くぐりよい潜り戸
ウチノクグリドハクリノキノクグリド、クグリヨイクグリド
トナリノクグリドハクリノキノクグリド、
クグリニクイクグリド
クグリツケレバ、クグリヨイクグリド

発音練習【キャ・ギャ行】

STEP①

キャケキ
キャキョ

キュケキョ

ギャゲギ
ギャギョ

ギュゲギョ

キ゚ャケ゚キ゚
キ゚ャキ゚ョ

キ゚ュケ゚キ゚ョ

STEP②

農商務省特許局、日本銀行国庫局、
専売特許許可局、東京特許許可局
ノーショームショートッキョキョク、ニッポンギンコーコッコキョク、
センバイトッキョキョカキョク、トーキョートッキョキョカキョク

STEP③

隣の客はよく柿食う客だ、客が柿食や飛脚が柿食う、
飛脚が柿食や客が柿食う、客も飛脚も柿食う客飛脚
トナリノキャクハヨクカキクウキャクダ、
キャクガカキクヤヒキャクガカキクウ、
ヒキャクガカキクヤキャクガカキクウ、
キャクモヒキャクモカキクウキャクヒキャク

発音練習【サ行】

STEP①

サシスセソ
スセソサシ
ソサシスセ

シスセソサ
セソサシス

サセシス
サソシス

セソサソ
セソサソ

STEP②

椰子の実を獅子が食い、菱の身を獅子が食う

ヤシノミヲシシガクイ、ヒシノミヲシシガクウ

STEP③

浅草寺の千手観音専念千日千遍拝んで千束町で煎餅買って千食べた

センソージノセンジュカンノン
センネンセンジツセンベンオガンデ
センゾクチョーデセンベーカッテセンタベタ

発音練習【ザ行】

STEP①

ザジズゼゾ
ズゼゾザジ
ゾザジズゼ

ジズゼゾザ
ゼゾザジズ

ザゼジズ
ザゾジズ

ゼゾザゾ
ゼゾザゾ

STEP②

誠実さが感じられない、
虚々実々の政治的な人事
セイジツサガカンジラレナイ、
キョキョジツジツノセイジテキナジンジ

STEP③

三時に自治を預かる知事が静々と入場し、
難しい切実な人事訴訟事件で指示
サンジニジチヲアズカルチジガ
シズシズトニュージョーシ、
ムズカシイセツジツナジンジソショージケンデシジ

発音練習【シャ・ジャ行】

STEP①

シャシシュシェショ
シシュシェショシャ
シュシェショシャシ
シェショシャシシュ
ショシャシシュシェ

STEP②

魔術師手術室で手術中

マジュツシシュジュツシツデシュジュツチュー

STEP③

集団就職出身の消火器商が
輸出商社の社主に昇進した、
周知の出色私小説

シューダンシューショクシュッシンノ
ショーカキショーカ゚
ユシュツショーシャノシャシュニショーシンシタ、
シュウチノシュッショクシショーセツ

発音練習【タ行】

STEP①

ダヂヅデド　ヂヅデドダ
ヅデドダヂ　デドダヂヅ
ドダヂヅデ

タテチツ　テトタト
タトチツ　テトタト

STEP②

此の竹垣に竹立てかけたのは、竹立てかけたかったから竹立てかけたのだ
コノタケガキニタケタテカケタノワ、タケタテカケタカッタカラタケタテカケタノダ

STEP③

お茶立ちょ、茶立ちょ、ちゃっと立ちょ茶立ちょ、青竹茶筅で、お茶ちゃと立ちゃ
オチャタチョ、チャタチョ、チャットタチョチャタチョ、アオダケチャセンデ、オチャチャトタチャ

発音練習【ダ行】

STEP①

ダヂヅデド
ヅドダデヂ
デダドヅヂ

ヂデダドヅ
ダデヂドヅ

ダデヂヅ
ダドヂヅ

デドダド
デドダド

STEP②

淀殿も淀殿なら、ねね殿もねね殿だ
ヨドドノモヨドドノナラ、ネネドノモネネドノダ

STEP③

丁稚はただ手伝うだけだ、
旦那はただただとまどうだけだ
デッチハタダテツダウダケダ、
ダンナハタダタダトマドウダケダ

発音練習【ナ行】

STEP①

ナニヌネノ
ヌネニナニ
ノナニヌネ

ニヌネノナ
ネノナニヌ

ナネニヌ
ナノニヌ

ネノナノ
ネノナノ

STEP②

庭の楡の根が引き抜きにくい
ニワノニレノネガヒキヌキニクイ

STEP③

長野長町の七曲がり峠の七曲がりは
曲がりにくい七曲がり、
曲がって三曲がりやすい七曲がり
ナガノナガマチノナナマガリトーゲノナナマガリハ
マガリニクイナナマガリ、
マガッテミマガリヤスイナナマガリ

発音練習【ハ行】

STEP①

ハヒフヘホ
フヘホハヒ
ホハヒフヘ

ヒフヘホハ
ヘホハヒフ

ハヘヒフ
ハホヒフ

ヘホハホ
ヘホハホ

STEP②

人の非は、非とぞにくみて非とすれど、吾が非は非とぞ知れど非とせず
ヒトノヒハ、ヒトゾニクミテヒトスレド、ワガヒハヒトゾシレドヒトセズ

STEP③

兵部が前を刑部が通る。兵部が屏風を刑部が持たずば坊主に買わせて、しょうぶが坊主の屏風にしょ
ヒョーブガマエヲギョーブガトール。ヒョーブガビョーブヲギョーブガモタズバボーズニカワセテ、ショーブガボーズノビョーブニショ

発音練習【マ行】

STEP①

マミムメモ　ミムメモマ

ムメモマミ　メモマミム

モマミムメ

マメミム　メモマモ

マモミム　メモマモ

STEP②

右耳右耳三右耳、右耳合わせて六右耳、
合わせて右耳八右耳
ミギミミギミミミミギミミ、
ミギミミアワセテムミギミミ、
アワセテミギミミヤミギミミ

STEP③

物見の者に物見へ物見に参れと申したも、
みんな身重のお前の身を思うため
モノミノモノニモノミヘモノミニマイレトモーシタモ、
ミンナミオモノオマエノミヲオモウタメ

発音練習【ヤ行】

STEP①

ヤイユエヨ
ユエヨヤイ
ヨヤイユエ

イユエヨヤ
エヨヤイユ

ヤエイユ
ヤヨイユ

エヨヤヨ
エヨヤヨ

STEP②

弥生の宵、お湯屋へ寄った居合屋さん。
やいやい言われて、湯屋でいやいや居合をやる
ヤヨイノヨイ、オユヤエヨッタイアイヤサン。
ヤイヤイイワレテ、ユヤデイヤイヤイアイヲヤル

STEP③

世が世ならば四方山話に酔う余裕ある夜々なのに、
夜な夜な夜露にぬれよよと泣くのはよくよくのこと
ヨガヨナラバヨモヤマバナシニヨウヨユーアル
ヨヨナノニ、
ヨナヨナヨツユニヌレヨヨトナクノハ
ヨクヨクノコト

発音練習【ラ行】

STEP①

ラリルレロ
ルレロラリ
ロラリルレ

リルレロラ
レロラリル

ラレリル
ラロリル

レロラロ
レロラロ

STEP②

いらいらするから笑われる、
照れるから揶揄われる、デレデレするから侮られる
イライラスルカラワラワレル、
テレルカラカラカワレル、
デレデレスルカラアナドラレル

STEP③

老練な理論家だけに
理路整然と論理的に議論する
ローレンナリロンカダケニ
リロセイゼントロンリテキニギロンスル

発音練習【ワ行】

STEP①

ワイウエヲ　イウエヲワ
ウエヲワイ　エヲワイウ
ヲワイウエ
ワエイウエヲアヲ

STEP②

笑わば笑え、わらわは
笑われる謂れはないわえ
ワラワバワラエ、ワラワワ
ワラワレルイワレワナイワエ

発音練習【撥音《はつおん》・促音《そくおん》】

撥音

新品の金歯がいたんで
せんべいも食べられず、悶々として安眠出来ない
シンピンノキンバガイタンデ
センベーモタベラレズ、モンモントシテアンミンデキナイ

促音

薩摩長州折衷型の甲冑に身をかためた
ちっちゃな武士が、
土俵際に詰まっちゃってから
薩長の真骨頂を発揮、
うっちゃりで決着をつけた
サツマチョーシューセッチューガタノカッチューニミヲカタメタ
チッチャナブシガ、
ドヒョーギワニツマッチャッテカラ
サッチョーノシンコッチョーヲハッキ、
ウッチャリデケッチャクヲツケタ

撥音…「ン」で表す、はねる音。
促音…小さい「ツ」で表す、つまる音。

LESSON 4

相対的な音の高低差
標準語のアクセント

言葉を正確に伝えることが声優の基本。とくに日本語はアクセントの方言差が激しいので、同音・同訓異義語の発音の高低差をしっかり身につけましょう。

アクセントとは

日本語は音の相対的な高低によって、表す言葉が変わります。アクセントがどの拍で下がるかによって、アクセントはいくつかの種類に分かれます。

アクセントの特徴

- **日本語のアクセントは高低。**
- **1拍目と2拍目は必ず違う音になる。**
- **1つの言葉でアクセントは1つ。**

アクセントの種類

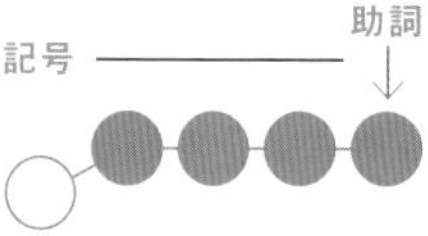

平板型《ヘイハンガタ》

1拍目が低く2拍目で高くなりますが、単語のあとに助詞がついても、音がそのままで下がらないタイプ。

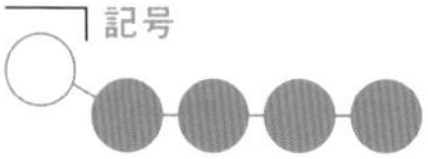

頭高型《アタマタカガタ》

1拍目が高く、2拍目で低いタイプ。助詞がついた場合、音が低いままになります。

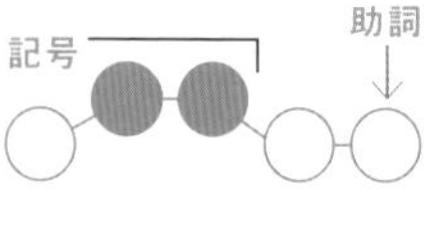

中高型《ナカタカガタ》

1拍目が低く2拍目以降のどこかで高くなりますが、単語のあとに助詞がつくと、再び音が下がるタイプ。

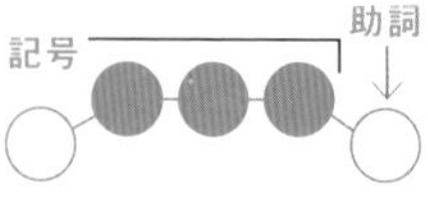

尾高型《オタカガタ》

1拍目から2拍目で高くなりますが、単語のあとに助詞がつくと、平板型とは異なり、音が下がるタイプ。

標準語のアクセントの例

起伏	異 イ	歯 ハ	火 ヒ	粉 コ
平板	胃 イ	葉 ハ	日 ヒ	子 コ

頭高	箸 ハシ	牡蠣 カキ	秋 アキ	無視 ムシ
起伏	橋 ハシ	垣 カキ	飽き アキ	蒸し ムシ
平板	端 ハシ	柿 カキ	空き アキ	虫 ムシ

頭高	天下 テンカ	任期 ニンキ	自身 ジシン	密度 ミツド
中高	あなた アナタ	願い ネガイ	心 ココロ	熱い アツイ
尾高	明日 アシタ	男 オトコ	宝 タカラ	返し カエシ
平板	桜 サクラ	人気 ニンキ	地震 ジシン	暑い アツイ

起伏…平板型以外のアクセント型のこと。1音の場合尾高型しかない。

同音・同訓異義語のアクセントの練習

青い《アオイ》葵《アオイ》の葉がきれい

夏季《カキ》に、柿《カキ》と牡蠣《カキ》を食う

他家《タケ》の丈《タケ》の高い竹《タケ》

橋《ハシ》の端《ハシ》を、箸《ハシ》を持って通る

種を蒔く《マク》、幕《マク》を巻く《マク》、水を撒く《マク》

要旨《ヨーシ》を書いた、洋紙《ヨーシ》の用紙《ヨーシ》。

LESSON 5

標準語のイントネーション

豊かに表現する抑揚《よくよう》・語調《ごちょう》

イントネーションとは話し言葉における抑揚、語調などのこと。話し言葉を大事にする声優にとっては、特に大切にしたい要素といえます。

イントネーションとは

イントネーションとは、具体的には文の語尾を上げたり下げたりすることで、感情や意思の変化を表すことを指します。やはり方言差があるので、標準語を習得する上で重要です。

イントネーションの基本

・昇調＝語尾をあげる

君【呼びかけ】キミ

行く【疑問】イク

・降調＝語尾を下げる

歩く【意思を示す】アルク

そうです【肯定】ソーデス

イントネーションでいろいろ変わる

わたしですか 語尾を上げると疑問になり、下げると落ち込んだニュアンスになります。	感心	ワタシデスカ
	疑問	ワタシデスカ
	落胆	ワタシデスカ
いい人じゃない 「な」を高くして、語尾を下げると否定。語尾を上げると肯定になります。	否定	イイヒトジャナイ
	肯定	イイヒトジャナイ
	反論	イイヒトジャナイ
	賞賛	イイヒトジャナイ
どうしたの 語尾を上げると喜び、下げると怒りや悲しみのニュアンスが生じます。	喜	ドウシタノ
	怒	ドウシタノ
	哀	ドウシタノ
	楽	ドウシタノ

LESSON 6

滑舌《かつぜつ》は役者の基本

アーティキュレーション

アーティキュレーションとは声優界では滑舌のこと。滑舌が悪いと当然ながら、台詞も朗読もままなりません。声優に限らず、役者全般の初歩といえます。

アーティキュレーションの練習

滑舌の練習課題としては、「外郎売《ういろううり》」などの早口言葉があります。ただ早ければいいというものではなく、言葉の歯切れをよくすることが第一目的。正確で明瞭《めいりょう》な発音や、語句と語句のつながりをはっきりさせることなどを意識しましょう。

STEP①

『五十音』 北原白秋

水馬《アメンボ》赤いな。ア、イ、ウ、エ、オ。
浮藻《ウキモ》に子蝦《コエビ》もおよいでる。
柿の木、栗の木。カ、キ、ク、ケ、コ。
啄木鳥《キツツキ》こつこつ、枯れけやき。
大角豆《ササゲ》に酸《ス》をかけ、サ、シ、ス、セ、ソ。
その魚《ウオ》浅瀬で刺しました。
立ちましょ、喇叭《ラッパ》で、タ、チ、ツ、テ、ト。

POINT

アーティキュレーションの練習を行ううえで

「ここは滑舌が甘いな」とか「ここは噛んでしまいそうだな」という箇所をチェックして、何度も繰り返し練習するといいと思います。誰しも得意不得意はあるので、自分の弱いポイントを見極めて、重点的に練習すると効果的ですね。

トテトテタッタと飛び立った。
蛞蝓《ナメクジ》のろのろ、ナ、ニ、ヌ、ネ、ノ。
納戸《ナンド》にぬめって、なにねばる。
鳩《ハト》ぽっぽ、ほろほろ。ハ、ヒ、フ、ヘ、ホ。
日向《ヒナタ》のお部屋にゃ笛を吹く。
蝸牛《マイマイ》、螺旋巻《ネジマキ》、マ、ミ、ム、メ、モ。
梅の実落ちても見もしない。
焼栗、ゆで栗。ヤ、イ、ユ、エ、ヨ。
山田《ヤマダ》に灯《ヒ》のつく宵《ヨイ》の家。
雷鳥は寒かろ、ラ、リ、ル、レ、ロ。
蓮花《レンゲ》が咲いたら、瑠璃《ルリ》の鳥。
わい、わい、わっしょい。ワ、ヰ、ウ、ヱ、ヲ。
植木屋、井戸換《イドガエ》へ、お祭りだ。

STEP②

『お祭』

北原白秋

わっしょい、わっしょい。
わっしょい、わっしょい。
祭りだ、祭りだ。
背中に花笠《ハナガサ》、胸には腹かけ
向う鉢巻、そろいのハッピで
わっしょい、わっしょい。
わっしょい、わっしょい。
わっしょい、わっしょい。

神輿《ミコシ》だ、神輿《ミコシ》だ。
神輿《ミコシ》のお練りだ。
山椒《サンショー》は粒でも、ぴりっと辛《カラ》いぞ
これでも勇《イサ》みの山王《サンノー》の氏子《ウジコ》だ
わっしょい、わっしょい。
わっしょい、わっしょい。
わっしょい、わっしょい。
真赤だ真赤だ、夕焼小焼だ。

しっかりかついだ、明日《アシタ》も天気だ。
そらもめ、もめ、もめ。
わっしょい、わっしょい。

わっしょい、わっしょい。
わっしょい、わっしょい。
おいらの神輿《ミコシ》だ。
死んでも離すな。
泣き虫ゃすっとべ、
差しゃげて廻《マワ》した。
もめ、もめ、もめ、もめ。
わっしょい、わっしょい。

わっしょい、わっしょい。
わっしょい、わっしょい。
廻すぞ、廻すぞ。
金魚屋も逃げろ、ほうずき屋《ホーズキヤ》も逃
げろ。
ぶつかったって知らぬぞ。
そらどけ、どけ、どけ。
わっしょい、わっしょい。

わっしょい、わっしょい。
わっしょい、わっしょい。
子供の祭りだ、祭りだ、祭りだ。

68ページへつづく

STEP②つづき

提灯《チョーチン》つけろ、御神燈《ゴシントー》あげろ。
十五夜お月様まんまるだ。
わっしょい、わっしょい。

わっしょい、わっしょい。
わっしょい、わっしょい。
あの声どこだ、あの笛なんだ。
あっちも祭りだ、こっちも祭りだ。
そらもめ、もめ、もめ。
わっしょい、わっしょい。

わっしょい、わっしょい。

わっしょい、わっしょい。
祭りだ、祭りだ。
山王の祭りだ、子供の祭りだ。
お月様あかいぞ、御神燈もあかいぞ。
そらもめ、もめ、もめ。
わっしょい、わっしょい。
わっしょい、わっしょい。
わっしょい、わっしょい。

STEP③

『外郎売《ウイロウウリ》』

拙者《セッシャ》親方と申すは、御立合《オタチアイ》の中《ウチ》に、御存知《ゴゾンジ》のお方もござりましょうが、お江戸を発《タ》って二十里上方《カミガタ》、相州《ソーシュー》小田原《オダワラ》、一色町《イッシキマチ》をお過ぎなされて、青物町《アオモノチョー》を登りへお出《イ》でなさるれば、欄干橋《ランカンバシ》虎《トラ》屋《ヤ》藤右衛門《トーエモン》、只今《タダイマ》は剃髪《テイハツ》いたして円斎《エンサイ》と名のりまする。

元朝《ガンチョー》より大晦日《オーツゴモリ》まで、お手に入れまする此《コ》の薬は、昔、ちんの国の唐人《トージン》、外郎《ウイロー》という人、わが朝《チョウ》へ来たり、帝《ミカド》へ参内《サンダイ》の折《オリ》から、此の薬を深く籠《コ》め置き、用《モチ》ゆる時は一粒《イチリュー》ずつ、冠《カンムリ》のすき間より取出《トリイダ》す、依《ヨ》ってその名を、帝より「頂透香《トーチンコー》」と賜《タマワ》る。即《スナワ》ち

70ページへつづく

STEP③つづき

文字《モンジ》には、「いただき、すく、香《ニオ》い」と書いて「とうちんこう」と申す。

只今は此の薬、殊《コト》の外《ホカ》、世上《セジョー》に弘《ヒロ》まり、ほうぼうに偽看板《ニセカンバン》を出《イダ》し、イヤ小田原の、灰俵《ハイダワラ》の、さん俵の、炭俵《スミダワラ》のと、色々に申せども、平仮名《ヒラガナ》を以《モ》って「ういろう」と記《シル》せしは親方円斎ばかり。もしや御立合の中に、熱海《アタミ》か、塔ノ沢《トーノサワ》へ湯治《トージ》にお出《イデ》なさるるか、又《マタ》は、伊勢御参宮《イセゴサングー》の折からは、必ず門《カド》ちがいなされまするな。お登りならば右の方《カタ》、お下りなれば左側、八方《ハッポー》が八《ヤ》つ棟《ムネ》、おもてが三《ミ》つ棟玉堂造《ギョクドーヅク》り、破風《ハフ》には菊に桐《キリ》のとうの御紋《ゴモン》をご赦《シャ》免《メン》あって、系図《ケーズ》正しき薬でござる。

イヤ最前《サイゼン》より家名《カメイ》の自慢ばかり申しても、御存知ない方には、正身《ショウシン》の胡椒《コショー》の丸呑《マルノミ》、白河夜船《シラカワヨフネ》、さらば一粒たべかけて、その気味合いをおめにかけましょう。

先《マ》づ此の薬を、かように一粒舌の上にのせまして、腹内《フクナイ》へ納めまするると、イヤどうも言えぬは、胃《イ》、心《シン》、肺《ハイ》、肝《カン》がすこやかに成りて、薫風《クンプー》喉《ノンド》より来《キタ》り、口中《コーチュー》微涼《ビリョー》を生《ショー》ずるが如《ゴト》し。魚鳥《ギョチョー》、きのこ、麺類《メンルイ》の喰合《クイアワ》せ、その外《ホカ》、万病速効《マンビョーソッコー》あること神の如し。

さて、この薬、第一の奇妙《キミョー》には、舌のまわることが、銭独楽《ゼニゴマ》がはだしで逃げる。ひょっと舌がまわり出すと、矢も楯《タテ》もたまらぬじゃ。そりゃそりゃそらそりゃ、まわってきたは《ワ》、廻ってくるは《ワ》、アワヤ喉《ノンド》、サタラナ舌《ゼツ》に、カ牙《ゲ》サ歯音《シオン》、ハマの二つは唇《シン》の軽重《ケーチョー》、開合《カイゴー》さわやかに、アカサタナハマヤラワオコソトノ

72ページへつづく

STEP③つづき

ホモヨロヲ、一つへぎへぎに、へぎほし薑《ハジカミ》、盆《ボン》まめ、盆米《ボンゴメ》、盆ごぼう、摘蓼《ツミタデ》、つみ豆、つみ山椒《サンショー》、書写山《ショシャザン》の社僧正《シャソージョー》、粉米《コゴメ》のなまがみ、粉米のなまがみ、こん粉米のこなまがみ、繻子《シュス》、緋繻《ヒジュ》子《ス》、繻子、繻珍《シュチン》、親も嘉兵衛《カヘイ》、子も嘉兵衛、親かへい子かへい、子かへい親かへい、古栗《フルクリ》の木の古切口《フルキリクチ》、雨合羽《アマガッパ》か、番合羽《バンガッパ》か、貴様《キサマ》のきゃはんも皮脚絆《カワギャハン》、我等《ワレラ》がきゃはんも皮脚絆、しっかは袴《ワバカマ》のしっぽころびを、三針《ミハリ》はりながにちょと縫うて、ぬうてちょとぶんだせ、かはら撫子《ナデシコ》、野石竹《ノセキチク》。のら如来《ニョライ》、のら如来、三《ミ》のら如来に六《ム》のら如来、一寸《チョット》先のお小仏《コボトケ》に、おけつまづきゃるな、細溝《ホソドブ》にどじょにょろり、京《キョー》の生鱈《ナマダラ》、奈良《ナラ》なま学鰹《マナガツオ》、ちょと四五貫目《シゴカンメ》、お茶立《チャタ》ちょ、茶立ちょ、ちゃっと立ちょ茶立ちょ、青竹茶筅《アオダケチャセン》で、お茶ちゃと立ちゃ。来るは《ワ》来るは《ワ》、何が来る。高《コー》野《ヤ》の山《ヤマ》のおこけら小僧《コゾー》、狸百匹《タヌキヒャッピキ》、箸百《ハシヒャク》ぜん、天目百《テンモクヒャッ》ぱい、棒《ボー》八百本《ハッピャッポン》。武具《ブグ》、馬具《バグ》、武具、馬具、三《ミ》ぶぐばぐ、合《アワ》せて武具馬具六《ム》武具馬具、菊《キク》、栗《クリ》、菊栗、三《ミ》菊栗、合せて菊栗六《ム》菊栗、麦ごみ麦ごみ三《ミ》麦ごみ、合せて麦ごみ六《ム》麦ごみ。あのなげしの長《ナガ》薙刀《ナギナタ》は、誰《タ》が長薙刀《ナガナギナタ》ぞ、向《ムコ》うのごまがらは、荏《エ》の胡麻《ゴマ》がらか、真《マ》胡麻がらか、あれこそほんの真胡麻がら。がらぴいがらぴい風車《カサグルマ》、おきゃがれこぼし、おきゃがれ小法師《ボシ》、ゆんべもこぼして又こぼした。たあぷぽぽ、たあぷぽぽ、ちりから、ちりから、つったっぽ、たっぽたっぽ一丁《イッチョー》だこ、落ちたら煮て喰《ク》を、煮ても焼いても喰われぬものは、五徳《ゴトク》、鉄《テツ》きゅう、かな熊童子《グマドージー》に、

74ページへつづく

STEP③つづき

石熊《イシグマ》、石持《イシモチ》、虎熊《トラグマ》、虎きす、中にも、東寺《トージ》の羅生門《ラショーモン》には茨木童《イバラキドー》子《ジ》がうで栗五合《グリゴンゴー》つかんでおむしゃる、かの頼光《ライコー》のひざ元去らず。鮒《フナ》、きんかん、椎茸、定めてごたんな、そば切り、そうめん、うどんか、愚鈍《グドン》な小新発知《コシンボチ》。小棚《コダナ》の、小下《コシタ》の、小桶《コオケ》に、こ味噌《ミソ》が、こ有《ア》るぞ、こ杓子《シャクシ》、こもって、こすくって、こよこせ、おっと、がてんだ、心得《ココロエ》たんぼの、川崎、神奈川、保土ケ谷《ホドガヤ》、戸塚《トツカ》は、走って行けば、やいとを摺《ス》りむく、三里《サンリ》ばかりか、藤《フジ》沢《サワ》、平塚《ヒラツカ》、大磯《オオイソ》がしや、小磯《コイソ》の宿《シュク》を、七つ起きして、早天《ソーテン》そうそう、相州小田原とうちんこう、隠《カク》れござらぬ貴賤群衆《キセングンジュ》の、花のお江戸の花うゐ《イ》ろう、あれあの花を見て、お心を、おやはら《ワ》ぎやという。

産子《ウブコ》、這《ハ》う子に至るまで、此のうゐ《イ》ろうのご評判、御存知ないとは申されまいまいつぶり、角《ツノ》だせ、棒だせ、ぼうぼうまゆに、うす、杵《キネ》、すりばちばちばちぐわらぐわらぐわらと、羽目《ハメ》をはずして今日《コンニチ》お出《イ》での何茂様《イヅレモサマ》に、上《ア》げねばならぬ、売《ウ》らねばならぬと、息せい引っぱり、東方《トーホー》世界の薬の元締《モトジメ》、薬《ヤク》師如来《シニョライ》も照覧《ショーラン》あれと、ホホ敬《ウヤマ》って、うゐ《イ》ろうは、いらっしゃりませぬか。

（終）

LESSON 7

喉のケア

声優の大事な商売道具

喉は声優にとって最も大事な身体のパーツです。課題をいろいろ練習したら、その後のケアもしっかりとしておくとよいでしょう。

喉は大事な楽器

声を音色にたとえるなら、喉はいわばそれを出す楽器です。楽器がしっかりメンテナンスされていないと、いい音楽は奏でられないので、普段から喉のケアも意識しましょう。下記に喉にいいこと、悪いことを紹介しますので、参考にしてください。

喉のケアにいいとされるもの

うがい	うがい・手洗いは欠かせないもの。風邪予防のためにも、外出したあとの習慣にしましょう。
マスク	喉のケアの定番。外出時はもちろんですが、なかには就寝時に着用する人もいるようです。
喉あめ	喉あめやトローチも喉ケアの定番アイテム。手軽にコンビニなどで買えるのもポイントです。
水分補給	喉の潤いを保つためには、水分補給も大切です。喉に刺激を与えないよう、常温のもののほうがベター。

加湿器	同じく喉の潤いを保つためには便利なアイテム。冬場はとくに、就寝時の加湿が効果的です。
はちみつ	喉にいい食品はいろいろありますが、入手しやすさと効果の高さで、はちみつがオススメ。
十分な睡眠	睡眠は身体自体のメンテナンス時間。十分な睡眠をとって、体調管理を行うのも大切です。

NGな飲食物の例

カフェインを含む飲み物、チョコ、牛乳、アイス、ヨーグルトなど

※人によっては大丈夫なものもある。

POINT

佐々木未来的喉ケア

うがいや寝るときのマスクなどは当然として、吸入器でのケアも行っています。ほかにも、インタビューに出てきますが〝かりんのシロップ〟は常備しています。はちみつ大根も作ったことがありますが、あれもよく効きますね。声優のお仕事は喉がとても大事なので、ケアを怠ることはありません。

COLUMN

声優になるためには？

アニメのキャストはオーディションで選ばれるのが一般的です。基本的にプロダクションに所属していることが応募資格となるので、プロダクションへの所属を目指します。プロダクションへの所属は、養成所を経る場合が多いです。そのため、養成所への入所を目的として、専門学校などで基礎を学ぶという流れが大半を占めています。

声優になるまでのルートの一例

専門学校、声優スクールなど

↓ オーディション

養成所（声優プロダクション、劇団）など

↓ オーディション

プロダクション所属

↓ オーディション

プロデビュー

専門学校

初心者が声優になるための基礎から、実践的なスキルまでを学ぶ専門学校。高校卒業者が対象で、一般的に修業期間は1～2年。学校教育法に定められた専修学校の一種にあたるので、履歴書に記入することができ、学割なども使えます。授業日数、学費などは学校によって差があるので、自分に合った学校をじっくり選ぶとよいでしょう。

設備も充実している専門学校。授業だけでなく、部活や学園祭などもあります。

専門学校東京アナウンス学院については116ページへ

声優スクール

専門技術などを教育する施設で、専門学校との違いは、学校教育法における専修学校には該当しないということです。正式な学歴にはなりませんが、バラエティ豊かなカリキュラムを組めることが特徴。夜間や土日だけ、週1～3回など、登校パターンを選べる場合も多いようです。

養成所

2タイプに分かれており、劇団やプロダクションが所属する声優を育成している付属養成所と、複数のプロダクションとの繋がりがある独立養成所があります。プロへの道に直結している分、レッスンはより実践的。特待生の場合、入所料や授業料が免除される場合もあります。

プロダクション

声優の仕事を主に行っている芸能事務所。先述の通り、アニメなどのオーディションを受けるにはまず、ここに所属していることが必須となります。事務所ごとに得意分野が分かれていますので、どんな仕事をやりたいのかによって事務所を選ぶことになります。

おもなプロダクション

東京俳優生活協同組合（俳協）、青二プロダクション、アーツビジョン、81プロデュース、賢プロダクション、シグマ・セブン、マウスプロモーション、アトミックモンキー など

佐々木未来さんは「響」所属

POINT

佐々木未来さんの声優への道のり

インタビューで詳しくお話ししますが、私は声優事務所・響の主催するオーディションに応募して合格、そのまま事務所に所属した形になります。でも、独学でももちろんさまざまな練習や努力をしました。養成所や専門学校へ通うという方も、独学で目指すという方も、みんな正しい道のりだと思いますよ。

18歳で
オーディションに応募

↓

書類選考や
地区予選を勝ち抜く

↓

公開オーディションにて
合格

↓

声優事務所に所属

CHAPTER 3

もっと自宅でトレーニング

LESSON 1

理解を深めて表現力アップ
読解力と表現力を磨く

台本をただ読むだけでは、棒読みです。インプットの読解力と、アウトプットの表現力を磨くことで、キャラクターの魅力をアップさせましょう。

読解力と表現力を磨くポイント

読解力と表現力は、入力と出力に言い換えられます。まず読解力は入力なので、自分の中でしっかり理解・想像できていることが大切になります。自分の中にないものを出せといわれても無理だからです。しっかり読解できたら、今度は出力の表現力でそれを言葉にしましょう。

1 短編小説、絵本や紙芝居などでも練習可

読解力とは文章を読み解く力なので、読書をすることで身につきます。普段本を読まない人なら、短編小説や絵本などから始めてみるといいでしょう。場の状況や、登場人物の性格、関係性、時代背景などをチェックする練習になります。あとでその話を人に話すことを想定して、物語への理解を深めましょう。

2 いつどこで誰が何をして、どう感じたかおさえる

話を読み解く上でのポイントは「5W1H」です。これは文章を構成する重要な要素の頭文字をとった言葉で、大事なカギとなります。文章を読みながら、つねに「いつ（When）、どこで（Where）、だれが（Who）、なにを（What）、なぜ（Why）、どのように（How）」したのか、という点について丁寧におさえていきましょう。慣れないうちは、文章に線を引いたり、メモをとったりするとわかりやすいです。

文章読解の5W1H

- When＝いつ
- Where＝どこで
- Who＝だれが
- What＝なにを
- Why＝なぜ
- How＝どのように

3 シーンをなるべく具体的に想像する

文章によっては「5W1H」が埋まらないものもあります。しかし国語の授業ではないので、足りなければ想像してしまっていいのです。イメージを膨らませることも練習になります。たとえば「むかしむかし」となっているのであれば、江戸時代なのか、平安時代なのか。状況が起きた場所は山なのか海なのか、はたまた町なのか村なのか。登場キャラクターの身長・体重はどうか、といったところまで、より具体的に想像を膨らませましょう。

4 イメージが膨らまないなら、タレントやキャラクターなどで

脳内キャスティング

イメージをしろといわれても、すぐにできない人も多いでしょう。そんなときは、知っている俳優の容姿や声優の声、好きなアニメや漫画のキャラクターなどを思い浮かべましょう。「このタレントさんっぽいのかな」「クール系だから、この声優さんの声だな」とか脳内で勝手にキャスティングしてみると、とっかかりになって、想像を膨らませる練習になります。

5 わからないことは放置しない。

なんでもすぐ調べるクセをつける

知らない言葉や知識が出てきたら、すぐにネットや本で調べるクセをつけましょう。理解していないと、読解したことにはならないからです。さらに、知らない言葉はもちろんですが、知っていることでもより深く知ることは大切。例えば文中にゾウと出てきて、大きさはどれくらいか、色は何色かなどを調べれば、いろいろと想像の手助けになるはずです。

さらに磨くために やっておきたいこと

いろいろなジャンルの本に触れる

趣味で読む分には、どうしても好きなジャンルの本ばかりになりがちですが、声優の仕事をしたいなら話は別。どんなジャンルの仕事がくるかは、こちらから選べないからです。自分の表現の幅を広げるためにも、早めにいろいろなジャンルに触れておいて損はないでしょう。

なるべくナマのライブのものを数多く経験

最近はネット動画などでいろいろなものを見られる時代ですが、ナマのものを体験することも大切。実際に行ってみないと、音の広がり、匂い、人々の熱気、実物の迫力・魅力など、映像以外で感じ取れるものがわからないからです。なるべく、音楽のライブ、映画、演劇、観光、お店などなど、数多くの場所に足を運びましょう。

言葉を声に出す、音読をする

普段、会話以外であまり声を出すことはありません。しかし、道具でもなんでも、普段から使っていないと、腕は鈍ります。課題の練習に限らず、家でひとりで過ごすときも、たとえば気持ちを口にするとか、本を音読するとかして、声を使う機会を自分で増やしましょう。

感情を解放して表現力アップ

アフレコは必ずしも台本の流れ通り進むわけでもなく、予定にないセリフが現場で追加されることも多い仕事です。つまり、瞬発力も大事なスキルといえます。そのための練習として、感情の解放というものがあります。これは、喜怒哀楽と程度を分けた下図のような表を作り、それにしたがって、即座に感情を表現するというもの。最初は喜怒哀楽、小中大の順にこなしていき、徐々にランダムに表現してみましょう。自分のなかで、具体的なシチュエーションをあらかじめ決めておくといいかもしれません。

	喜	怒	哀	楽
小	記入例：ポケットから100円を見つけた			
中		記入例：冷蔵庫のプリンを食べられた		
大			記入例：肉親が亡くなった	

POINT

読解力と表現力に大切なこと

声優のお仕事では、台本など基本的に文字を追うことが多いです。それを「読んだ、終わり！」ではダメというか。私の場合、本はあまり読むほうではないのですが、とにかく「どんな場面でどんな気持ちなのか」や「どんな場所でどんな空気感なのか」などを考えます。想像というより、もはや妄想かもしれません（笑）。

アニメのアフレコは、絵コンテや映像など「絵」があることが多いので、想像しやすいのですが、ゲームは本当に文字のみを追うので、妄想の世界に入ったほうが演じやすいかもしれないです。ただ、そこでガチガチにキャラクターを固めてしまうと、方向転換を求められたときにとても苦労するので、あまり固めすぎないようにしています。でも、そのキャラクターが置かれている状況や立場が変わるわけではないので、そこは事前にしっかりと想像しておきます。

ある乙女ゲームにハマったことがあるのですが、まさにあれも妄想の世界というか。自分がそこにいる、という妄想で楽しむものなので、素地はあったのかもしれません（笑）。ひとりの世界も嫌いじゃないですし（笑）。

読解力&表現力を意識して読んでみよう

『ごん狐《ぎつね》』新美南吉《にいみなんきち》

これは、私が小さいときに、村の茂平《もへい》というおじいさんからきいたお話です。

むかしは、私たちの村のちかくの、中山《なかやま》というところに小さなお城があって、中山さまというおとのさまが、おられたそうです。

その中山から、少しはなれた山の中に、「ごん狐《ぎつね》」という狐がいました。ごんは、一人《ひとり》ぼっちの小狐で、しだの一ぱいしげった森の中に穴をほって住んでいました。そして、夜でも昼でも、あたりの村へ出てきて、いたずらばかりしました。はたけへ入って芋をほりちらしたり、菜種《なたね》がらの、ほしてあるのへ火をつけたり、百姓家《ひゃくしょうや》の裏手につるしてあるとんがらしをむしりとって、いったり、いろんなことをしました。

一

或秋《あるあき》のことでした。二、三日雨がふりつづいたその間《あいだ》、ごんは、外へも出られなくて穴の中にしゃがんでいました。

雨があがると、ごんは、ほっとして穴からはい出ました。空はからっと晴れていて、百舌鳥《もず》の声がきんきん、ひびいていました。

ごんは、村の小川《おがわ》の堤《つつみ》まで出て来ました。あたりの、すすきの穂には、まだ雨のしずくが光っていました。川は、いつもは水が少《すく》いのですが、三日もの雨で、水が、どっとましていました。ただのときは水につかることのない、川べりのすすきや、萩《はぎ》の株が、黄いろくにごった水に横だおしになって、もまれています。ごんは川下《かわしも》の方へと、ぬかるみみちを歩いていきました。

ふと見ると、川の中に人がいて、何かやっています。ごんは、見つからないように、そうっと草の深いところへ歩きよって、そこからじっとのぞいてみました。

「兵十《ひょうじゅう》だな」と、ごんは思いました。兵十はぼろぼろの黒いきものをまくし上げて、腰のところまで水にひたりながら、魚をとる、はりきりという、網をゆすぶっていました。はちまきをした顔の横っちょうに、まるい萩の葉が一まい、大きな黒子《ほくろ》みたいにへばりついていました。

しばらくすると、兵十は、はりきり網の一ばんうしろの、袋のようになったところを、水の中からもちあげました。その中には、芝の根や、草の葉や、くさった木ぎれなどが、ごちゃごちゃはいっていましたが、でもところどころ、白いものがきらきら光っています。それは、ふというなぎの腹や、大きなきすの腹でした。兵十は、びくの中へ、そのうなぎやきすを、ごみと一しょにぶちこみました。そして、また、袋の口をしばって、水の中へ入れました。

兵十はそれから、びくをもって川から上《あが》り、びくを土手《どて》においといて、何をさがしにか、川上《かわかみ》の方へかけていきました。

兵十がいなくなると、ごんは、ぴょいと草の中からとび出して、びくのそばへかけつけました。ちょいと、いたずらがしたくなったのです。ごんはびくの中の魚をつかみ出しては、はりきり網のかかっているところより下手《しもて》の川の中を目がけて、ぽんぽんなげこみました。どの魚も、「とぼん」と音を立てながら、にごった水の中へもぐりこみました。

一ばんしまいに、太いうなぎをつかみにかかりましたが、何しろぬるぬるとすべりぬけるので、手ではつかめません。ごんはじれったくなって、頭をびくの中につッこんで、うなぎの頭を口にくわえました。うなぎは、キュッと言ってごんの首へまきつきました。そのとたんに兵十が、向うから、「うわアぬすと狐め」と、どなりたてました。ごんは、びっくりしてとびあがりました。うなぎをふりすててにげようとしましたが、うなぎは、ごんの首にまきついたままはなれません。ごんはそのまま横っとびにとび出して一しょうけんめいに、にげていきました。

ほら穴の近くの、はんの木の下でふりかえって見ましたが、兵十は追っかけては来ませんでした。

ごんは、ほっとして、うなぎの頭をかみくだき、やっとはずして穴のそとの、草の葉の上にのせておきました。

— 二 —

十日ほどたって、ごんが、弥助《やすけ》というお百姓の家の裏を通りかかりますと、そこの、いちじくの木のかげで、弥助の家内《かない》が、おはぐろをつけていました。鍛冶屋《かじや》の新兵衛《しんべえ》の家のうらを通ると、新兵衛の家内が髪をすいていました。ごんは、

「ふふん、村に何かあるんだな」と、思いました。

「何《なん》だろう、秋祭かな。祭なら、太鼓や笛の音がしそうなものだ。それに第一、お宮にのぼりが立つはずだが」

こんなことを考えながらやって来ますと、いつの間《ま》にか、表に赤い井戸のある、兵十の家の前へ来ました。その小さな、こわれかけた家の中には、大勢《おおぜい》の人があつまっていました。よそいきの着物を着て、腰に手拭《てぬぐい》をさげたりした女たちが、表のかまどで火をたいています。大きな鍋《なべ》の中では、何かぐずぐず煮えていました。

「ああ、葬式だ」と、ごんは思いました。

90ページへつづく

「兵十の家のだれが死んだんだろう」

お午《ひる》がすぎると、ごんは、村の墓地へ行って、六地蔵《ろくじぞう》さんのかげにかくれていました。いいお天気で、遠く向うには、お城の屋根瓦《やねがわら》が光っています。墓地には、ひがん花《ばな》が、赤い布《きれ》のようにさきつづいていました。と、村の方から、カーン、カーン、と、鐘《かね》が鳴って来ました。葬式の出る合図《あいず》です。

やがて、白い着物を着た葬列のものたちがやって来るのがちらちら見えはじめました。話声《はなしごえ》も近くなりました。葬列は墓地へはいって来ました。人々が通ったあとには、ひがん花が、ふみおられていました。

ごんはのびあがって見ました。兵十が、白いかみしもをつけて、位牌《いはい》をささげています。いつもは、赤いさつま芋《いも》みたいな元気のいい顔が、きょうは何だかしおれていました。

「ははん、死んだのは兵十のおっ母《かあ》だ」

ごんはそう思いながら、頭をひっこめました。

その晩、ごんは、穴の中で考えました。

「兵十のおっ母は、床《ゆか》についていて、うなぎが食べたいと言ったにちがいない。それで兵十がはりきり網をもち出したんだ。ところが、わしがいたずらをして、うなぎをとって来てしまった。だから兵十は、おっ母にうなぎを食べさせることができなかった。そのままおっ母は、死んじゃったにちがいない。ああ、うなぎが食べたい、うなぎが食べたいとおもいながら、死んだんだろう。ちょッ、あんないたずらをしなけりゃよかった。」

— 三 —

兵十が、赤い井戸のところで、麦をといでいました。

兵十は今まで、おっ母と二人《ふたり》きりで、貧しいくらしをしていたもので、おっ母が死んでしまっては、もう一人ぼっちでした。

「おれと同じ一人ぼっちの兵十か」

こちらの物置《ものおき》の後《うしろ》から見ていたごんは、そう思いました。

ごんは物置のそばをはなれて、向うへいきかけますと、どこかで、いわしを売る声がします。

「いわしのやすうりだアい。いきのいいいわしだアい」

ごんは、その、いせいのいい声のする方へ走っていきました。と、弥助《やすけ》のおかみさんが、裏戸口から、

「いわしをおくれ。」と言いました。いわし売《うり》は、いわしのかごをつんだ車を、道ばたにおいて、ぴかぴか光るいわしを両手でつかんで、弥助の家の中へもってはいりました。ごんはそのすきまに、かごの中から、五、六ぴきのいわしをつかみ出して、もと来た方へかけだしました。そして、兵十の家の裏口から、家の中へいわしを投げこんで、穴へ向《むか》ってかけもどりました。途中の坂の上でふりかえって見ますと、兵十がまだ、井戸のところで麦をといでいるのが小さく見えました。

ごんは、うなぎのつぐないに、まず一つ、いいことをしたと思いました。

つぎの日には、ごんは山で栗《くり》をどっさりひろって、それをかかえて、兵十の家へいきました。裏口からのぞいて見ますと、兵十は、午飯《ひるめし》をたべかけて、茶椀《ちゃわん》をもったまま、ぼんやりと考えこんでいました。へんなことには兵十の頬《ほっ》ぺたに、かすり傷がついています。どうしたんだろうと、ごんが思っていますと、兵十がひとりごとをいいました。

「一たいだれが、いわしなんかをおれの家へほうりこんでいったんだろう。おかげでおれは、盗人《ぬすびと》と思われて、いわし屋のやつに、ひどい目にあわされた」と、ぶつぶつ言っています。

ごんは、これはしまったと思いました。

「かわいそうに兵十は、いわし屋にぶんなぐられて、あんな傷までつけられたのか。」

ごんはこうおもいながら、そっと物置の方へまわってその入口に、栗をおいてかえりました。

つぎの日も、そのつぎの日もごんは、栗をひろっては、兵十の家へもって来てやりました。そのつぎの日には、栗ばかりでなく、まつたけも二、三ぼんもっていきました。

四

月のいい晩でした。ごんは、ぶらぶらあそびに出かけました。中山さまのお城の下を通ってすこしいくと、細い道の向うから、だれか来るようです。話声が聞えます。チンチロリン、チンチロリンと松虫が鳴いています。

ごんは、道の片がわにかくれて、じっとしていました。話声はだんだん近くなりました。それは、兵十と加助《かすけ》というお百姓でした。

「そうそう、なあ加助」と、兵十がいいました。

「ああん？」

「おれあ、このごろ、とてもふしぎなことがあるんだ」

92ページへつづく

「何が？」

「おっ母が死んでからは、だれだか知らんが、おれに栗やまつたけなんかを、まいにちまいにちくれるんだよ」

「ふうん、だれが？」

「それがわからんのだよ。おれの知らんうちに、おいていくんだ」

　ごんは、ふたりのあとをつけていきました。

「ほんとかい？」

「ほんとだとも。うそと思うなら、あした見に来《こ》いよ。その栗を見せてやるよ」

「へえ、へんなこともあるもんだなア」

　それなり、二人はだまって歩いていきました。

　加助がひょいと、後《うしろ》を見ました。ごんはびくっとして、小さくなってたちどまりました。加助は、ごんには気がつかないで、そのままさっさとあるきました。吉兵衛《きちべえ》というお百姓の家まで来ると、二人はそこへはいっていきました。ポンポンポンポンと木魚《もくぎょ》の音がしています。窓の障子《しょうじ》にあかりがさしていて、大きな坊主頭《ぼうずあたま》がうつって動いていました。ごんは、「おねんぶつがあるんだな」と思いながら井戸のそばにしゃがんでいました。しばらくすると、また三人ほど、人がつれだって吉兵衛の家へはいっていきました。お経を読む声がきこえて来ました。

―五―

　ごんは、おねんぶつがすむまで、井戸のそばにしゃがんでいました。兵十と加助は、また一しょにかえっていきます。ごんは、二人の話をきこうと思って、ついていきました。兵十の影法師《かげぼうし》をふみふみいきました。

　お城の前まで来たとき、加助が言い出しました。

「さっきの話は、きっと、そりゃあ、神さまのしわざだぞ」

「えっ？」と、兵十はびっくりして、加助の顔を見ました。

「おれは、あれからずっと考えていたが、どうも、そりゃ、人間じゃない、神さまだ、神さまが、お前がたった一人になったのをあわれに思わっしゃって、いろんなものをめぐんで下さるんだよ」

「そうかなあ」

「そうだとも。だから、まいにち神さまにお礼を言うがいいよ」

「うん」

ごんは、
へえ、こいつはつまらないなと思いました。

「おれが、栗や松たけを持っていってやるのに、そのおれにはお礼をいわないで、神さまにお礼をいうんじゃァ、おれは、引き合わないなあ」


― 六 ―


そのあくる日もごんは、栗をもって、兵十の家へ出かけました。兵十は物置で縄《なわ》をなっていました。それでごんは家の裏口から、こっそり中へはいりました。

そのとき兵十は、ふと顔をあげました。と狐が家の中へはいったではありませんか。こないだうなぎをぬすみやがったあのごん狐めが、またいたずらをしに来たな。

「ようし」

兵十は立ちあがって、納屋《なや》にかけてある火縄銃《ひなわじゅう》をとって、火薬をつめました。

そして足音をしのばせてちかよって、今戸口を出ようとするごんを、ドンと、うちました。ごんは、ばたりとたおれました。

兵十はかけよって来ました。家の中を見ると、土間《どま》に栗が、かためておいてあるのが目につきました。

「おや」と兵十は、びっくりしてごんに目を落しました。

「ごん、お前《まい》だったのか。いつも栗をくれたのは」

ごんは、ぐったりと目をつぶったまま、うなずきました。

兵十は火縄銃をばたりと、とり落しました。青い煙が、まだ筒口《つつぐち》から細く出ていました。

LESSON 2

アフレコ前に心がけたいこと
アフレコ台本について

一般人がアフレコ台本を目にする機会はなかなかありませんが、台本に関する知識として、読むときのポイントなどを知っておきましょう。

アフレコ台本を読むときのヒント

1 ト書きを読んで確認してからセリフへ

台本は上段にト書き、下段にセリフが書かれています。ト書きには状況やキャラクターの動き、演出などが書かれてあるので、しっかりシチュエーションを確認しましょう。

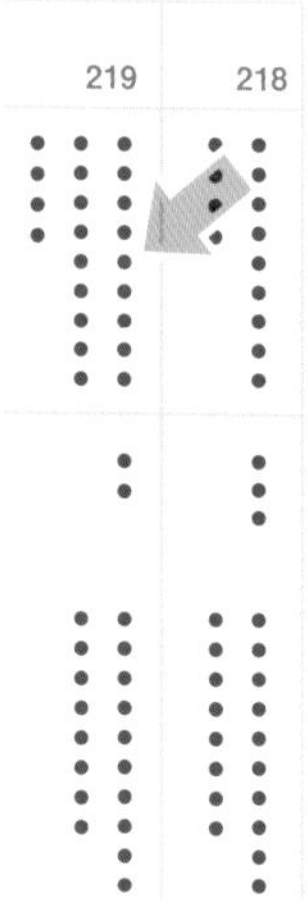

2 まず素読《すよ》みしてから、次に感情を出して読む

まずは、抑揚をつけずに、書かれた文章やアクセントを正しく音読する素読みをして、それから感情を出して読むという段階を踏みましょう。素読みで内容をまず理解して、それから肉付けをするイメージです。

3 実際に動いたり、効果音も読んでみる

アフレコ収録は固定されたマイクの前に立って行われるので、あまり動くことはありません。しかし、実際に体を動かしたほうが演技しやすいのも確かです。本番でないなら、どんどん体を動かして芝居をしたり、効果音も声に出したりすることで、イメージは湧きやすくなるでしょう。

4 自分のセリフだけでなく全部に目を通す

実際に収録する部分は、自分のセリフだけですが、それ以外のセリフにも全部目を通しておくのがオススメです。ほかの演者のセリフとの掛け合いによって、言い方もいろいろ変わってくるからです。また、モブ（P．112参照）などキャストが決まっていないセリフがあると、それを現場で突然ふられる場合もあるので、チェックするに越したことはありません。

POINT

声優さんは実際に何を書き込んでいるのか

声優さんたちは、もらった台本にどんなことを書き込んでいるのでしょうか。まず当然ですが、自分のセリフはチェックをします。それから収録では、シーンの順番通りに進行することはなく、あとで録音する別撮りがあるので、そのチェックもあります。それから、アニメは絵の動きにあわせて演技がつくので、前のカットから続くセリフなのか、カットが一回切り替わるのか、といった演出もチェックします。このほか、セリフがなくても息だけのリアクションが必要かもしれない場所などなど、実は細かい書き込みをたくさんしているのです。

◯書き込む内容の一例

- **自分のセリフのところをチェック**
- **あとで別撮りするシーンのチェック**
- **実際は口パクがないところのチェック**
- **ガヤ（P.111参照）をあとで撮る（かもしれない）ところのチェック**
- **前のカットからしゃべる（＝こぼし P.112参照）シーンのチェック**
- **カットが変わるところのチェック**
  （セリフが立て込んでいるので、一回でここで切り替えて、このセリフからスタート、など）
- **自分がどこのマイクに入るのかをリハのときにチェックし、番号をつける**
- **絵が変わった場合、その指示を書き込む**
- **セリフがなくてもリアクションが必要かもしれないところのチェック**
- **感情や演技のディレクションを書き込む人もいる**
  （舞台系の人や、逆にまだ慣れていない新人など）

POINT

台本を読むうえで大切なこと

台本と映像をいただき、自宅で自分が何分何秒からしゃべるかなどをチェックし、その尺（P.112参照）に合わせて練習をする。そのうえで当日を迎える、というのがもちろん理想的ではありますが、現場によっては、当日に映像を通して見ることもあるため、台本をいただいてすぐに対応できる力が必要となってきます。それは妄想力もとい想像力であったり、その場で尺に合わせてお芝居できるような適応力だったり。ちなみに、台本には話すスピードなどを自分なりのマークでメモしていますね。

ゲームなどは事前に余裕をもって台本をいただくことのほうが多いので、数日前からひと通り読んでチェックしています。ただ、ゲームの台本で難しいのは、掛け合いができないこと。アニメでは収録現場に掛け合いの相手がいるのですが、ゲームはひとりで黙々と収録することが多いんですよね。そこで自分のセリフだけ見ていたら、相手とちぐはぐになってしまいます。なので、とくにゲームの場合は、前後のセリフも確認するようにしています。

どちらにも言えることですが、自分が気づいた点……たとえば「このセリフはこういう感情だ」というのを忘れないように、メモをすることもありますね。

LESSON 3

わかりやすく伝えるためにナレーション台本について

ナレーションは、いかにわかりやすく伝えるか、が基本となります。アフレコ台本とは読むときのポイントも変わりますので、いくつか紹介します。

ナレーション台本を読むときのヒント

1 ナレーション台本の種類

ニュースやCMなどのナレーションが一般的ですが、最近はこれだけとは限りません。キャラクターとしてしゃべるナレーションや、音声ガイドなど種類は増えています。

- ニュースやCMなどのナレーション
- キャラクターとしてのナレーション
- 情報番組やバラエティのナレーション、食レポ
- 音声ガイド（電車、自販機、博物館など）など

2 伝えるべきポイントをおさえる

ナレーションの基本は伝えるべきポイントを確実におさえること。5W1Hはもちろん、伝えるべき部分、メッセージやテーマがどこなのかを踏まえましょう。

3 感情や主観を入れて読まない

基本的に、ナレーションを読むうえでは読み手の感情や主観は入れません。とはいえ、単なる棒読みになってしまうのは本末転倒。原稿の内容を相手に伝えることが目的なので、固有名詞など大切な部分で言葉を立てることを意識しましょう。ただし、絵本の読み聞かせにありがちな、節をつけて読まないように。

4 長い文章を安定した音質で読み続ける

ナレーションは基本的に文章が長くなります。それだけ息が長く続かないと、安定した音質・音量になりません。また語尾がしっかりしていないと中途半端になりますので、呼吸のコントロールや読む際の区切り方などを考えましょう。また、台本を下においてしまうと顔も下を向き、声がこもってしまうので、声を前に出すことを意識しましょう。

STEP①

夜空《ヨゾラ》に煌々《コーコー》と輝《カガヤ》く「月《ツキ》」。私達《ワタシタチ》の夜《ヨル》を見守《ミマモ》るその美《ウツク》しい姿《スガタ》とは裏腹《ウラハラ》に、月《ツキ》の裏側《ウラガワ》は、大量《タイリョー》の隕石《インセキ》を被弾《ヒダン》した痕跡《コンセキ》、クレーターでいっぱいです。月《ツキ》は、地球《チキュー》めがけて降《フ》り注《ソソ》ぐ隕石達《インセキタチ》を何万年《ナンマンネン》にも渡《ワタ》り、受《ウ》け止《ト》め続《ツヅ》けてくれているのです。

STEP②

「CIA《シーアイエー》」という言葉《コトバ》を知《シ》らない人《ヒト》は少《スク》ないでしょう。しかし、その活動《カツドー》の実態《ジッタイ》を知《シ》る人《ヒト》は、ほとんどいません。真珠湾攻撃《シンジュワンコーゲキ》を教訓《キョークン》に立《タ》ち上《ア》げられたCIA《シーアイエー》の歴史《レキシ》は、多《オオ》くのスパイ映《エー》画《ガ》や小説《ショーセツ》で描《エガ》かれるような華々《ハナバナ》しい活躍《カツヤク》ではなく、むしろ、「陰謀《インボー》」や「裏切《ウラギ》り」といった、暗《クラ》い言葉《コトバ》で彩《イロド》られています。

COLUMN

練習のしすぎは変なクセがつくことも？

本書では声優を目指す人向けに、さまざまな練習課題やポイントなどを紹介しています。ただし注意点として、練習を過度にやりすぎてしまうのは禁物です。本書はあくまで、知っておいて損はないこと、初心者からでもできそうなこと、初歩的な部分などを紹介しています。もちろん大事なことではありますが、これだけですぐに声優になれる、というわけでは決してありません。専門学校の先生いわく、独学の練習をしすぎた結果、逆にヘンなクセがついてしまう可能性もあるのだとか。そうなると、あとから修正するのが大変になります。あくまで、「本格的な技術をしっかり身につけるのは、専門学校などに入ってから」という心がまえで、気負わずに練習しましょう。

CHAPTER 4

練習以外にも必要なこと

LESSON 1

オーディションについて

声優への道に必ずある関門

声優を目指す上では、プロダクション所属へのオーディションは大きな第一関門です。受かりやすくなるための、基本的な対処法を頭に入れましょう。

オーディションとは

オーディションとは出演者を決めるときや、事務所やプロダクション、養成所へ入所するために技量や適性を判断する審査会のことです。一般的にはまず履歴書、エントリーシートなどの必要書類を提出。その書類選考を通過すると、事務所での面接や実技試験、スタジオ審査などに呼ばれます。

一般的なオーディションの流れ

エントリーシート、
プロフィール用紙を提出

↓

第一次審査
書類選考

↓

第二次審査
面接、スタジオ審査、実技審査など

↓

オーディション合否

書類選考とは

まず最初の関門は、書類選考です。オーディションとは、こんな人が欲しい、という審査員に対して、自分はこんな人です、とアピールする場です。つまりエントリーシートとは、自分という商品を売り込むための自己紹介。上手くアピールするためには、自分の個性をよく知り、それをできるだけわかりやすく伝えましょう。そしてもちろん、ものおじしてはダメ。やる気、情熱を込めて書くようにしましょう。

1 大きく見やすい丁寧な文字で書く

たとえ文字に自信がなくても、丁寧に大きく、見やすく、簡潔に書きましょう。何が書いてあるのかわからないような雑な文字では、読んでもらえない可能性があります。

2 空欄を作らない

書類の項目はとにかく全部埋めることで、審査に引っ掛かる可能性が出ます。本当に何もなくても「特にありません」と記入し、空欄にしないこと。

3 可能な限り詳しく書く

たとえばスポーツなら何年やっていたとか、できるだけ詳しく書きましょう。ただし、詰め込みすぎて読みづらいのはダメなので、端的にまとめます。

プロフィール用紙の一例

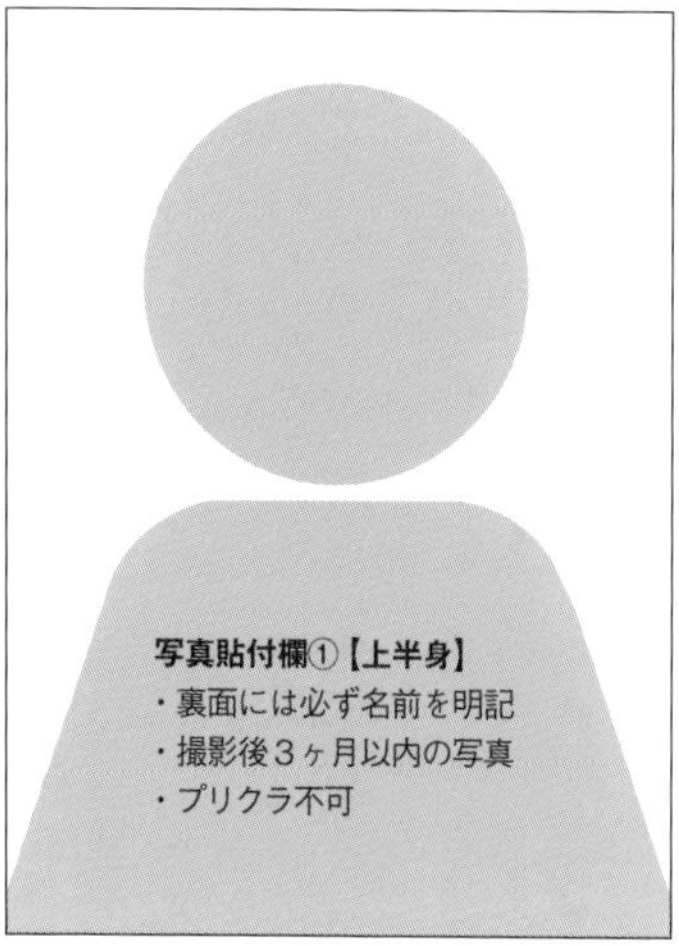

<table>
<tr><td colspan="2">ふりがな
氏　名</td><td colspan="2">生年月日（西暦）
年　月　日（満　才）</td></tr>
<tr><td colspan="3">住所：〒</td><td>電話番号：</td></tr>
<tr><td>性別：</td><td>血液型：　型</td><td>身長：　cm</td><td>体重：　kg</td></tr>
<tr><td colspan="4">スリーサイズ（B・W・H）：　×　×　cm</td></tr>
<tr><td colspan="4">芸歴：</td></tr>
<tr><td colspan="4">学歴・職歴：</td></tr>
<tr><td colspan="2">好きな映画・TV：</td><td colspan="2">好きなスポーツ・学科：</td></tr>
<tr><td colspan="2">趣味・特技：</td><td colspan="2">好きな本・作家：</td></tr>
<tr><td colspan="2">尊敬する人：</td><td colspan="2">座右の銘：</td></tr>
<tr><td colspan="2">志望動機：</td><td colspan="2">資格・免許：</td></tr>
<tr><td colspan="4">自己PR：</td></tr>
</table>

【注意】・「ふりがな」とひらがな表記ならひらがな、「フリガナ」ならカタカナ表記で
・年号表記は、用紙の指定通りに。とくにない場合は西暦で
・書き損じた場合のために、予備の用紙を用意しておく　・小文字や顔文字はNG　・くだけた表現はしない

写真、オーディション時の服装

履歴書用の写真を撮る場合や、面接の場合は、服装にも気をつけ、男女問わず清潔でカジュアルな普段着がよいでしょう。目立とうとして奇抜な服装、露出過多な服装などは逆効果。技量や適性を見てもらう前に弾かれては、元も子もありません。声優としてというよりも、社会人としての常識がまずあることが大前提です。そのほか、細かな注意点としては左記・下記のようなものがあげられますが、とくに企業の面接ではないので、フォーマルやスーツである必要はありません。

男性の場合

●基本
清潔感が大事です

●服装
夏服や春服でさわやかに見せましょう

●パンツ
基本的には長ズボンで。ダメージ加工やダボついたものは、だらしなく見えてしまいます。また丈の短いものは避けましょう

●靴
汚れや破れのないものを選びましょう。オーディション用の靴があるとベスト

●アクセサリー
目立ちすぎるものはNGです

女性の場合

●髪型
顔のラインが見えるような髪型だとGOOD

●アクセサリー
目立ちすぎるものはNGです

●靴
汚れや破れのないものを選びましょう。高めのヒールは美脚、脚長効果があります。オーディション用の靴があるとベスト

●メイク
薄め、もしくはナチュラルメイクが理想的です

●上半身
夏服や春服でさわやかに見せましょう。明るめの色のものが好ましいです。服がいちばん目立ってしまうものはNGです

●下半身
短パンやスカートが好ましいです。ストッキングは足をきれいに見せることができます

面接や自己PRの際のヒント

審査員は面接で、その人の人柄、魅力・長所、人前での話し方などを見ています。まず服装同様、悪い印象を与えないよう、姿勢よく、笑顔でいましょう。また自己PRは、とくに決まった方法はありません。自分は何をしてきて、何ができるのか、何が好きなのかなど、具体的に自己分析し、それをきちんと伝えることが大事。なかなか機会もなく、トークの時間も限られていますので、例えば友達相手に練習してみるのもいいかもしれません。

オーディション時の自己PR <一例>

- 受験番号、学校名、自分の名前をはじめにハッキリ言う
- 自分自身の経験・性格などを伝える
- 歌やダンス、演技・朗読・ナレーション・早口言葉、英語・韓国語など特技となる言語、その他の特技などを披露する
- どんな仕事をしていきたいか、などの将来への展望を話す

自己PR の上手な人とは?

自分の見せ方を知っている人／物怖じしない人／物事を掘り下げて説明できる人

自己PRで大切なこと

NG

足を組む／ダラッと座る／腕を組む／あくびをする／前かがみで足を開く

OK

内容は簡潔にする／アイコンタクトをとる／笑顔が基本／背筋を伸ばし、姿勢を良くする／椅子は浅めに腰掛ける／手は軽く握り膝に置く／女性の場合は、両手を揃えて置く

POINT

オーディションの心がまえ

多くのオーディションでは、最初にテープオーディションがあります。いただいたセリフの音声を事務所で録り、それをもとに選考が行われます。それに受かったあと、スタジオオーディションに呼んでいただく形です。テープの際は、限られた情報のなかでの読解力や表現力が必要です。スタジオの際は、超大御所の方とお会いすることも多いので、「あ、今回はダメだ」と思わない、心の強さが必要かもしれません（笑）。

POINT

オーディションに落ちたとき

キャストの発表で結果を知ることがまれにあります、やはり昔は結構落ち込んでいました。暗い音楽を聞いて落ちるところまで落ちて、ひとりでボーッとしたりしていた時期もありました（笑）。でも今は、ポジティブに生きようと思っていますので、あまり気にしないようにしています。

好きな音楽を聞いたり、「落ち込むときは落ち込むものだ」「落ち込んでてもしょうがないし、切り替えよう」という感じで切り替えていきますね。強くなりました（笑）。

LESSON 2

声優業界用語

特殊な用語を知ろう

どの業界にしても、その世界にしか通用しない言葉はあります。ここでは、声優業界などで使われる代表的な専門用語を紹介します。

【ア】

アーティキュレーション
一音一音を明確に発音し、言葉を歯切れよくしゃべること。

アイレベル
目線の高さ。これを下げるとあおり構図になり、上げると俯瞰《ふかん》構図になる。

あおり
下から見上げた構図。

赤線
映像の白味に、セリフの長さに合わせて引いた赤い線のこと。

アクセント
単語の中の音節の高低。

あたま
音楽やナレーションなどのはじめの部分。

頭合わせ
映像の口の動きとセリフの冒頭を合わせること。

あたり
下書きのさらに下書き。背景や人物の配置、動画の動きなどが簡単に描かれている。

アテる
キャラクターの口の動きに合わせてセリフを吹き込むこと。

アテレコ
外国のテレビ番組や映画に日本語を唇の動きに合わせて録音すること。

アドリブ
その場の即興で、台本にない台詞をいうこと。

アナブース
ナレーションなどを録音するために仕切られたブース。

アフレコ
アフターレコーディングの略。画面の撮影を済ませてから、後で音やセリフを入れること。

息芝居
驚いて息を飲んだり、安心して息を吐くといった、息によるアドリブ演技。

入り
スタジオや現場に入ること。

インサート
テレビ、映画などでひとつのカットを切って、別のカットを差し込むこと。

イントネーション
抑揚。文全体の高低、強弱、緩急などの表現を指す。

エキストラ
映画やテレビで、群衆や通行人などの役を演じる出演者。

絵コンテ
映画やテレビのカットの流れを絵で示したもの。

SE（エスイー）
サウンド・エフェクトの略。効果音のこと。

エフェクト
アニメの場合、水や炎などの自然物の動きのこと。

押す
決められた長さにセリフが収まらずのびたり、予定の時間をオーバーすること。

オフ
登場人物が画面に映っていないこと。

オフゼリフ
セリフをいうキャラクターが画面外にいたり、背中を向いているなどで口パクが見えない状態でしゃべっていること。

オフマイク
マイクから離れるなど、マイクを外して声や音を入れること。

オミット
台本のセリフを削除すること。カットともいう。

音響監督
アニメや吹き替えの声、音楽、SEなどを手がけるディレクター。

オンリー
本番終了後や別日に個々のセリフを録り直すこと。抜き録りともいう。

【カ】

外画
洋画、外国映画のこと。

返し
イヤホンから送り返される音声のこと。返りとも。

顔出し
声優が映像、写真などで顔を出す仕事のこと。

カット
シーンを構成している画面の単位。または台本のセリフを削除すること。

カットアウト
音や映像を突然消すこと。

カットイン
音や映像をそのまま大きく出すこと。

カットナンバー
映像のカットにつけられた番号。

カフ
ナレーターがスタジオブースの中でマイクの音声をオンオフする器具。

かぶせる
相手役のセリフが続いているうちにセリフをいうこと。

ガヤ
その他大勢の人々。たくさんの人々のざわめき、環境音。

からむ
キャラクターが別のキャラクターと掛け合うこと。

完パケ
完全パッケージの略。コマーシャルも入った、そのまま放送できる状態の完成テープ。

きっかけ
劇の進行上のあちこちで使うサイン。放送用語のキュー。

キューランプ
キューを出すときに光るランプ。

金魚鉢
ディレクターやミキサーがいる副調整室のこと。ガラス箱ともいう。

クール
放送期間の単位。1クールが四半期＝3ヶ月。TVアニメの場合1クールが12〜13話分

口パク
演じる人物・キャラクターの画面での口の動き。

ゲネプロ
舞台上演の前に、本番同様に行う総稽古。

原音
洋画に入っている役者のセリフ。

香盤表
登場人物がシーンごとに、どんな服や小道具を身につけているかを一覧にしたもの。また、芝居や落語などで、役名や出演番を表にしたもの。

公録
公開録画、公開録音。会場に視聴者を入れて、現場を見てもらう。

こぼし
セリフをあえてカット内に収めず。カットを超えて続けて読むこと。

こぼれる
指定された秒数の中にセリフが収まらないこと。

殺す
マイクのスイッチを切ること。反対は生かす。

コンテ
映画やテレビなどの撮影細目台本。脚本を細かく分け、場面ごとの区分、絵、セリフ、演出方法などを詳しく書き込んでいる。

【サ】

作画監督
アニメの絵の部分の監督。

サブ
主調整室（マスター）に次ぐ、各副調整室のことをサブという。

シーン
カットが集合した映画やアニメの場面。

尺
セリフの長さ。

白味
未撮影または未現像のカットを仮編集でつなぐ際に使用する半透明フィルム。

セリフが甘い
セリフの表現があいまいなままで、不安定なこと。

セリフが硬い
セリフの表現や言い回しにスムーズさが欠け、不自然に聞こえること。

セリフがかぶる
共演者のタイミングが合わず、セリフが重なってしまうこと。

セリフが流れる
セリフの表現が本人の中で固まっておらず、自信がなさそうな不安定な状態。

セリフがぶつかる
セリフが効果音などと重なること。

セリフを抑える
演技を小さくすること。

セリフを食う
相手役のセリフが続いているうちにセリフを言うこと。

セリフをこぼす
セリフを最初の指定よりも先に伸ばして言う。

セリフをたてる
セリフのある部分を強調していること。

線画
色のついていない絵。セリフの収録に間に合わないときに使用される。

【タ・ナ】

ダイアローグ
複数の登場人物が互いに交わす会話。

タイムコード
画面などに表示される、はじめからの時間経過を示す数字。

立ち位置
マイク前や舞台上で演者が立つ場所。

ダメ出し
スタッフ側からの注文が出たり、注意をしたりすること。

テスト
役者が口パクのタイミングや他者の演技、マイクワーク、ボリュームなどを確認する時間。

デルマ
セリフのタイミングを示すための、色鉛筆で白味に描かれた線のこと。

テレコ
テープレコーダー。またはセリフの順番を入れ替えること。

トークバック
スタッフのいる副調整室から、演者のいるスタジオへ指示を伝えるための設備。

ト書き
脚本や台本のなかで、セリフ以外の俳優の動きや情景説明などを説明した部分のこと。

止め絵
キャラクターなどが動かない1カットの絵。

トラックアップ
カメラがゆっくりと被写体に近づき、対象を徐々に大きく映す技法。逆はトラックバック。

抜き
本番終了後、問題があった部分を再収録すること。

【ハ】

パクる
指定された秒数に対して、セリフを早く言い終わってしまうこと。

はける
その場のものや人を取り除くこと。

はずす
マイクの中心から口をずらすこと。または役者が役に十分なりきれていなかった状態。

バミリ
床に貼られた立ち位置を示すビニールテープなどの印。

パン
カメラを上下左右に動かして撮影すること。

バンク
映像などの素材を使い回すこと。

パンチ
セリフや効果音のタイミングを計るための、フィルムの隅に開けられた丸穴。

パンチ・イン
再生状態から録音状態に切り替えること。逆に録音から再生にすることをパンチ・アウトという。

フェーダー
音を調整するミキサーテーブルにある音量調整用のつまみ。

フェードアウト
音や映像を徐々に消すこと。

フェードイン
音や映像を徐々に出すこと。

フォーカス・イン
ピンボケの画面から、だんだんピントがあってはっきり見えるようになること。反対はフォーカス・アウト。

俯瞰
被写体を上から撮影した構図。

吹く
マイクに息が当たって音が入ってしまうこと。

ぶっつけ本番
テストや練習を行わずに本番を行うこと。

フレームアウト
フレーム内のキャラクターがフレーム外に出て、映らなくなること。逆はフレームイン。

ブレス
セリフ中にある息継ぎを入れる部分のこと。

プレスコ
プレ・スコアリングの略。アニメ作品で先にセリフを収録し、その音に合わせて絵を描いていく方法。

ブロック録り
台本をいくつかに区切り、各ブロックをひとかたまりとして収録する方法。

プロミネンス
文中のある単語を特に強調すること。

別撮り
ひとり二役や人混みでの会話など、同時に撮ることが難しいシーンで、セリフを分けて録音する手法。

弁当箱
収録スタジオ内にあるイヤホンを挿す、イヤホンジャックターミナルのこと。

VO
ボイスオーバーの略。外国人のインタビューなどで、元の音声のボリュームを下げて残し、その上に通常音声で日本語のセリフをかぶせること。

ポッパーストッパー
収録時、マイクに装着して口とマイクの間に挟む網目状の器具。

本線
複数の人のセリフが重なっているところで優先的に録音されるメインの音声。

【マ】

マイクに入る
マイクに声が届く範囲に、自分の体が入ること。

マイクを舐める
舐めることができるほどマイクに近づくこと。

マイクを外す
マイクの中心から口をずらすこと。

マイクワーク
マイクを前にしたときの、演者の立ち方や入れ替わる際の動き方といったルールや技術。

前のり
地方イベントなどで、イベント前日に現地に入って宿泊すること。

まく
セリフや演技などのスピードを速めること。

まるセ
線画などで声優が声をあてるタイミングを表した記号。

回す
録音すること。

無声音
肺から出る空気が喉の声帯を震わせずに発せられる音。

モッブシーン
群集シーン。モブシーン。

モニター
映像を映し出すテレビ画面。

モノローグ
心の声、独白。

モブ
大勢の人間が動いている、群集シーン。また、その大勢。

【ヤ・ラ】

有声音
肺から出る空気が喉の声帯を震わせて発せられる音。

読み合わせ
演技者が集まり、台本で各自の役のセリフを読みながら進める稽古。本読みともいう。

ラッシュ
編集したばかりで音が入っていないフィルム。またはその上映。

ラフ
下書きや粗く描いた絵。

リーダー
本番映像が始まるまでの時間を表すための導入部のフィルム。アフレコでは本番前の練習のこと。

リップ
口の中で鳴る音で、ノイズの一種。

リテイク
録り直すこと。

リハ
リハーサルの略。アフレコでは本番前の練習のこと。

レイアウト
構図。背景と人物などの配置を描いている。

ロール
アフレコで、区切らず一度に録音する部分。

COLUMN

現場へ突撃!

専門学校の授業を見学してみた

声優としての基礎力、表現力を学べる専門学校。まずは気軽に、体験入学や学校説明会に足を運んでみてはいかがでしょうか。

本書を制作するにあたり、専門学校東京アナウンス学院・放送声優科に取材、ご協力いただきました。本科は日本初の声優教育機関で40年以上と歴史は古く、これまでに数多くの実力派声優を輩出。みなさんアニメや外画、ゲーム、舞台などで活躍されています。放送声優科は2年制で、最初は演技の基礎から学んでいくので、演技未経験な人も一から身についていきます。また、本科では在学中に仕事を経験できる機会もあるそうです。

[専門学校東京アナウンス学院 放送声優科はこんなところ!]

1 丁寧に基礎から教えてくれて、初心者も安心

見学させていただいたのは、アーティキュレーションと発声発音の授業。授業では、長年のノウハウで培った学校独自の教材を使用していました。まだうまくできない生徒さんにも丁寧に指導していて、初心者でも安心だと思えました。

2 あの有名声優さんも講師として指導してくれる!

授業を行う講師のなかには、ベテラン声優さんを何人も見かけました。実力も経験も十分な声優から直接指導していただけるということは、とても貴重なこと。なんだか生徒さん側の熱心さも一際、といった印象を受けました。

3 機材や設備が充実していて、かなり本格的!

校内を見渡すと、専門の機材や設備が充実。本格的なレッスンルームやレコーディングスタジオなどが多く用意されていました。プロの現場のような環境で、実践的な授業を受けられるのは、生徒さんたちにとっては嬉しいことでしょう。

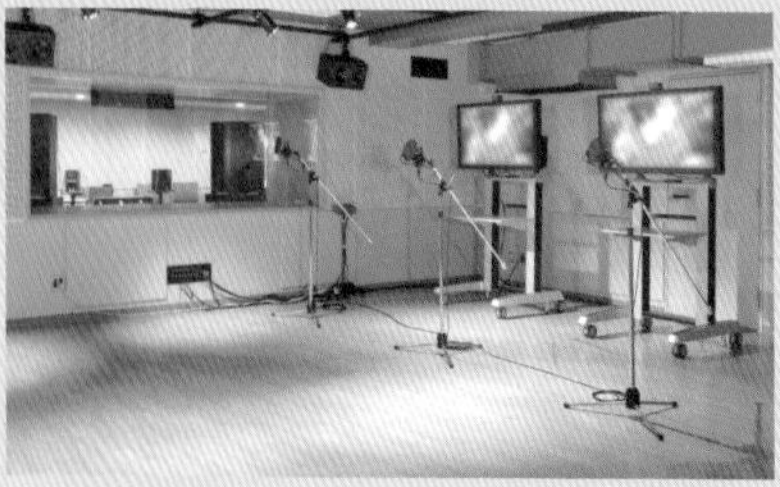

おもなカリキュラム

1年次

放送声優科では、まず1年時に俳優として必要な演技の基礎を身につけます。必修科目としては、正しい発音や口の開け方などの訓練をするアーティキュレーション。聞き取りやすい声を出すための発声発音。俳優として必要な演技の基本を学ぶ俳優演技。朗読テキストなどを用い、声の表現力を養う声優演技基礎などのカリキュラムがあります。

2年次

2年次は「アテレコ」「舞台公演」の2つのゼミを希望に合わせて選択。アテレコゼミではアニメや外画を題材に台本の分析、役作り、セリフ術などを徹底して学びます。舞台公演ゼミでは舞台台本を使って演技を学び、シチュエーションの把握、役作りから表現につなげていきます。

選択科目

選択科目は進路にあわせていろいろ区分されていますが、基本的には自分で学びたい内容を選ぶ授業です。アクション、ダンス、ボイトレ、作劇、ラジオなどなど、幅広いジャンルが用意されていて、得意分野を伸ばし経験を重ねることで、声優としての演技力と個性をさらに磨いていきます。

【問い合わせ先】

● **専門学校東京アナウンス学院**
〒164-0013 東京都中野区弥生町1-38-3
・都営地下鉄大江戸線「西新宿五丁目駅」下車
徒歩8分

● **専門学校東京アナウンス学院**
新宿研究所
（体験入学・学校説明会会場）
〒164-0023 東京都新宿区西新宿4-5-2
・都営地下鉄大江戸線「西新宿五丁目駅」下車
A2出口ヨコ

◆**問い合わせ・各種申込み** ☎0120-343-261 www.tohogakuen.ac.jp

スペシャルインタビュー

佐々木未来

mikoron

本書の案内役・佐々木未来さんに、声優になるまでの道のりや実際に声優になってからの感じたこと、考えたことを赤裸々に語っていただきました。

◎◎◎

声優を目指すきっかけは有名アニメを見たことから

―― 佐々木さんは幼い頃からアニメやゲームに触れていたのでしょうか？

私には3つ下の弟がいるんですが、お互いが小学校に上がる頃にはテレビゲームやゲームボーイで遊んでいましたね。その頃はゲームボーイカラーだったんですが、それで『ポケットモンスター（以下：ポケモン）』を遊んでいました。

―― ポケモンですか。遊んだ色は何色か覚えてますか？

確か緑か黄色だったと思います。黄色はピカチュウが相棒になるやつですね。

―― アニメで最初に見たのはなんですか？　弟さんもいっしょに見ていました？

いっしょだったと思います。弟も『美少女戦士セーラームーン（以下：セーラームーン）』とか、女の子向けのアニメを見ていたはずです。最初に見たアニメだったと思います。メチャクチャ見ていました。憧れでしたよね、セーラームーンになりたくて。おもちゃいっぱいありましたもん。服とか、うさぎちゃんのカチューシャとか。弟に着せたりしていました（笑）。弟が昔すごく可愛くて、女の子みたいに。昔はですけど。私より似合っていたくらいです。

―― そこからアニメヒストリーが始まったんですね。

3～4歳くらいで『セーラームーン』を見始めて、小学校に上がる前くらいに『ポケモン』を見て、小学生になったときは『デジモンアドベンチャー（以下：デジモン）』。あと同時期に始まった『おジャ魔女どれみ』も。どれみちゃんが私と同い年くらいで、1年ごとにシリーズが変わるんですけど、私といっしょに進級していくんですよ。ちゃんと歳をとっていく。それがまた面白かったですね。

―― その後、ずっとアニメやゲームに触れてきたんですか？

小学生のときはアニメを見て育っていましたね。中学に入ると、『デジモン』も『おジャ魔女どれみ』も終わってしまって、朝の時間帯のアニメを見なくなっていったんですよね。自然とアニメ離れした感じになりました。

―― アニメ熱が復活したのはいつ頃から？

アニメ熱は確か高校2年生からだったと思います。中学生のときに知り合って、今も仲がいい大親友がいるんですが、その子はアニメが大好きだったんですよね。でも、とくにその影響も受けず。高校に入ってから、本当に急にでした。そのタイミングでインターネットに触れるようになり、ニコニコ動画なども見始めて。もともと、岩手ではほとんどアニメを地上波で放送していなかったんですよね。遅れての放送だったり、まったく違う時間帯だったり。なので余計にニコニコ動画にハマったのかもしれないです。

――「岩手めんこいテレビ」ですね。

そうなんですよ。全然めんこくない（笑）。あとはBSでもアニメを見られるということを知ったのもこの頃ですね。「テレビで見られるんだ」「アニメってたくさんあるんだな」と。

―― その頃に「おっ！」と思ったアニメはなんですか？

『マクロスFRONTIER（以下：マクロスF）』です。もう本当にびっくりしました！「出会っちゃった！」って感じでしたね。ずーっとシェリルのことを考える日々でした（笑）。その頃はまだ声優さんのことはあまり詳しくなかったというか、声優さんにまでは意識が向いていなかったんですよ。でも、『マクロスF』が放送していた時期って、中村悠一さんがアニメにたくさん出られていたときで。「あれ？　ほかで聞いたことある声だぞ？」「あれに出ていた人だ。これにも出ている。つぎはこれにも出るんだ」という感じで意識するようになって。『マクロスF』も主人公のアルトが中村さんだったので「見てみようかな」って思ったんです。そして、シェリルというキャラクターに出会った。

——そこが原点ですか？

ですね。そこでシェリルとランカというふたりの歌姫が出てきて……。シェリルって、歌担当のMay'nさんと、セリフ担当の遠藤綾さんというふたりの方が演じられているんですよね。ランカは中島愛さんが歌も声も担当されているんですが。そこで「声優さんって歌も歌えるんだ」って思ったんです。「キャラクターとして歌を歌うこともあるんだ」、「お芝居だけじゃないんだ」って。

——歌がきっかけで、より声優に興味が出てきたと。

私はもともと歌が大好きで。中学のときに「将来の夢」を書くタイミングとかがあると思うんですが、そこで「歌手になりたいです」と書くくらい好きでした。で、高校では合唱部に入ったりしてましたね。

——『マクロスF』がなければ歌手になっていた可能性も？

もしかしたらそうかもしれないです。声優というお仕事をそこで知らなければ、もしかしたら歌手を目指して頑張っていたかもしれないですね。

——『マクロスF』にそこまでハマった理由はわかりますか？

これがわからないんですよね（笑）。「歌の力」が大事な作品だったからかなあ？「歌のパワーで世界を救う」ところが好きだったのかもしれません。

——新作アニメや声優の情報などは、どこで収集されていましたか？

基本的にはインターネットでしたね。アニメ雑誌なども買っていました。その頃にはもう〝声優〟という職業に興味を持っていて、「やってみたいな」「声優さんになりたいな」って自然と思うようになっていました。

——高校3年生になると進路の話が出てくると思うのですが、そのときはもう「声優になる」という感じだったんですか？

専門学校も養成所もなかったので、勉強したくてもできなかったんです

でしたね。両親に伝えたときも、ふたりとも応援してくれていました。反対はまったくなかったです。父は「なんのこっちゃ」という感じで、よくわかっていませんでしたが（笑）。

——声優を目指しながら専門学校や短大、大学という選択肢もあったと思いますが、それは考えなかったのでしょうか？

まったく。私、変に頑固で、自分がこうって決めたらそこに突き進んでいってしまうので（笑）。

——まったく何もないところから始めたわけですね。具体的にどのように目指していったのでしょうか？

まず、そもそも声優のなり方すらわからなかったので、ネットで情報収集ですよね。「今、活躍されている声優さんたちはどういうルートで声優になられたんだろう」というのを調べました。養成所に通って事務所に入られたとか、専門学校に行かれたとか、オーディションで合格されてからとか。そういう皆さんの来歴をいろいろ調べました。

でも、当時の岩手には専門学校も養成所もなかったので、勉強したくてもできなかったんです。「何もできない、もどかしい……」と思いながらも「何か個人でできることないかな」と、とにかく情報収集しました。滑舌の練習の仕方をネットで調べたり、アニメのセリフを書き起こしてアフレコの練習してみたり、セリフを書いてタイミングに合わせてしゃべってみたりもしました。

声優になるために佐々木さんがとった行動

——高校3年生の頃から独学で声優になるための練習を始められ、その後高校を卒業したあとはどうされていましたか？

1年間はアルバイトをしてお金を貯めて、翌年から東京へ行こうかなと思っていました。その最

中に出会ったのが『探偵オペラ ミルキィホームズ（以下：ミルキィホームズ）』のオーディション「エリー（エルキュール・バートン）を探せ！ ミルキィホームズ 声優オーディションツアー」だったんです。

——個人で応募されたんですね。

そうです。情報収集をしている際に、オーディションで声優になられている方もいると知ったので、毎日のようにインターネットで「声優 オーディション」と調べていたんです。それで検索に引っかかったのが『ミルキィホームズ』のオーディションでした。すぐに応募しましたね。

——そのときはまだ岩手に住んでいたんですよね？

そうなんですよ。一次審査はネットでの応募で、二次審査が履歴書を送る形でした。その後、地区予選でした。岩手にいた私は東北地区の予選に出られることになったのですが、それが仙台での開催で。新幹線で仙台まで行きましたね。そのときは5、6人のグループ面接のような感じで、面接と歌、セリフをしゃべるというものでした。その数時間後には、次の審査に進む人が決定という形です。待っているあいだに、グループで一緒になった子と話したりしていたのですが、その子は落ちちゃって。「頑張ってね」って応援してもらいました。

——各地区を勝ち抜いたひとりが最終オーディションに、という感じだったんですか？

そうですね。ブシロードのイベントが中野サンプラザで開催されていたんですが、最終オーディションはそのイベントの最初のほうで行われました。公開オーディションだったので、ライブに来てくださっていた方や、ニコニコ動画の生放送（以下：ニコ生）の視聴者の方も投票ができたんですよね。あと審査員の方の投票ですね。

——審査されたのは、どのようなものがありましたか？

『ミルキィホームズ』に出演が決まっていた3人とのセリフの掛け合いや歌唱審査、特技披露や質疑応答などがありました。

——オーディションに応募してから投票で佐々木さんに決まるまで、期間はどれくらいだったんですか？
またそのあいだに努力したことや、苦労したことはありますか？

期間は3～4ヶ月ぐらいですかね。そのあいだの記憶はあまりないのですが、一次審査のネット応募は名前と志望動機を書いて送るだけだったんです。でも、一次審査通過後、二次審査に必要な履歴書を送るまでの期間がかなり短かったんですよ。その理由はのちにプロデューサーから聞いたのですが、あえてその期間に設定したみたいなんです。その短期間で、不備なく封筒の書き方もしっかりとしていて、きちんと履歴書を送ってくるという、やる気とか常識を見ていたそうなんです。

その当時、高校生だった私が履歴書を書くことに慣れているわけがなく（笑）。母に「こうやって書くんだよ」と教わりながら、不備がないように履歴書を書いていきました。そういった部分をしっかりと見ていただけたようです。

あと、これを努力と言っていいのかわからないのですが、履歴書の写真は吹雪のなかで撮りまし

た（笑）。ガチの吹雪。目立つかなって思って。

——ちなみにそれは誰に撮ってもらったんですか？

弟に。弟にはすごく感謝しています。いまだにそれをいじられるくらいには、目立っていたようで（笑）。やっぱりプロデューサーの目にも留まったらしく、「目立っていた」って言われましたね。

——その写真は残っているんですか？（笑）

それが残ってないんですよ！　いくら探しても出てこなくて。これまでも企画などですごく探したんですけど……。

——声優になるまで、わりとトントン拍子に進んできたという印象ですが、卒業後はどれくらいで東京に？

1年くらいですかね。でも、岩手にいて逆によかったのかもしれないなと思ったのが、地元に声優に関する学校がなかったことかなと。専門学校や養成所に通っていたら、1回のチャンスで「絶対にこのチャンスを掴んでやる！」「これしかない！」という強い気持ちになれなかったかもしれません。

——オーディションに受かったとき、どのような気持ちでしたか？

「佐々木未来さんです」と呼ばれたときは、ぽわーっとしていたのを覚えています。『ミルキィホームズ』のほかの3人からも「おめでとう！」「これから頑張ろうね」って言われたんですが、

目の前のことは全部こなしていこうと決めました

緊張してこれからのこととか何も想像できませんでしたね。でも、3人が衣装を着て歌っていたのを見て、「間違いなくこれはやるんだろうな」「衣装は着るな」とは思いました（笑）。

でも、そもそも『ミルキィホームズ』の声優さんが歌っていたことに混乱しましたよ。今でこそ声優はアイドルのように歌って踊ることも増えましたが、オーディションを受けた10年前は一般的ではなくて。戸惑いもすごく大きかったです。それでも「決まったからにはやるしかない！」と、目の前に来たことは全部こなしていこうと決めました。

——オーディションにご両親はいらっしゃっていたんですか？

来ていなかったですね。母はニコ生をパソコンで見ていました。

——オーディションに受かり、その日はどんな感じでした？

その日の夜は忘れもしないです。地方組が同じホテルに泊まっていたんですが、今、同じ事務所のあいみん（愛美）も同じホテルに泊まっていたんですよ。あいみんの部屋にみんなで集まって「おめでとう」「ありがとう」という話をしているときに、やっと実感が湧いてきたんです。

そのあと、部屋に戻ってひとりになった瞬間に涙が止まらなくなっちゃって。ひとりで暮らしたこともないし、東京に出てこないといけないし、不安すぎて涙、涙でしたね。その後は一度岩手に帰ったのですが、すぐにラジオ収録があるからと呼ばれたんです。『ミルキィホームズ』のラジオで「合格者が決まったよ」というような内容で急いで録らないといけない、と。なのでまたすぐに上京の準備をして……。

——バタバタでしたね。

そうですね。オーディションが終わったあとに会長とプロデューサーから呼ばれて「いつでも来られるんだよね？」と聞かれ。「はい、いつでも行けます」と言ったら、その10日後くらいには上京していました（笑）。だから寂しがる余裕も暇もなかったですね。

岩手から東京へ……
慌ただしい日々

——東京に出てからの自宅を決める時間もなかったのでは？

はい。なので、最初はウィークリーマンションを会社が用意してくれていました。1ヶ月弱はそこに住んでましたね。その期間に家を探そうとな

り、マネージャーも一緒に探してくれました。

——東京での生活が始まり、まずはどんな日々を送りましたか？

お芝居とボイトレを行う日々でした。すでに『ミルキィホームズ』のゲームの収録が決まっていたので、そのディレクターさんにいろいろと教えていただきましたね。声優としてのレッスンというより、エリーというキャラクターを演じるためのレッスンという感じでした。

あと、本当に声優のお仕事の仕方を何も知らないという状態でしたので、「アフレコはこういうふうにやるんだよ」というレッスンもやりましたね。「マイクはこう入るんだよ」とか、本当に基礎から教えていただきました。

——初めてのアフレコはどうでしたか？

どうだったかなぁ……覚えていないなぁ（笑）。でも、メチャクチャ緊張していたと思いますよ。

——当時の声を聞いたりすることはあります？

あまり聞かないですね。こっ恥ずかしいです（笑）。今とは全然違うと思いますね。本当に初めてのことだらけで、未熟だったんじゃないかなって。ただ、ラッキーなことに、そのエリーというキャラクターがすごく恥ずかしがり屋で大人しい性格だったので、「そのままでいいよ」「リアルがいいよ」と言ってもらえて。その当時は「リアルエリー」なんて言われていたんですよ。10年経った今はちょっと考えられないですけど（笑）。

「マイクはこう入るんだよ」とか、本当に基礎から教えていただきました

——岩手だと方言が残る地域もあると思うのですが、それで苦労したことなどは？

意外と大丈夫でしたね。本当に地域によります。おばあちゃんとかは結構訛ってたりしますが、私たちくらいの年代はそこまでじゃなかったので。

——今でも出てしまう方言はあります？

「このペンかかさんないね」とかですかね。「書けない」「インクが出てこない」という意味なんですが、「私のせいではない」「こいつがいけない」みたいなニュアンスなんです。『ミルキィホームズ』のメンバーで焼き肉を食べに行ったときに、「この肉やかさんないですね」って言っちゃって（笑）。「何それ?」って聞かれて「あ、これは方言なんだ」と思いました。「肉やかさんない」は「肉が焼けない」という意味です。全体的な訛りというよりは、そういうポイントで出ちゃうことがあります。「めんこい」とか。

——声優として事務所に所属した当時、苦労したことは？

あの当時は全部が大変すぎましたね。短い期間でさまざまなことを習得しなければいけなくて。収録もCD発売もライブも、すべて日程が決まっていて、そこまでに理解や演技、歌を間に合わせなきゃいけなかったんです。慣れない東京という環境のなかでひとりで暮らし、急に大人に囲まれて、ブシロードでバイトもして……。本当に大変でした。

——声優としての苦労よりも、環境の変化への対応のほうが大変だったんですね。

そうですね。最初は『ミルキィホームズ』しか出演していなかったのですが、だんだんとお仕事が増えていろいろなキャラクターを演じるようになって、より大変になっていきましたね。

新しいお仕事では、最初に資料とセリフをいただいて、自分のなかでキャラクターを作っていくのですが、収録で監督さんやディレクターさんの思い描いているキャラクターとズレていて、「違う」と言われることが多かったんです。その当時は、不安だからたくさん練習して、キャラクターを固めてから収録に行っていたんですよね。だからそこから変えるのがすごく難しい。「そっちの方向で」と言われても、自分のなかでは合っていない気がしてモヤモヤしたり、キャラクターの方向性を見失ったりしていました。

——その経験から学んだことはありますか？

「キャラクターのイメージをガッチリ固めていかないほうがいいんだな」と。現場で柔軟に対応できるくらいには、余裕をもたせるというか、ふわっとさせておいたほうがいいんだなと。のちのち「現場がつねにオーディションのようなものだ」と考えるようになったのですが、最初は一生懸命すぎて、そんなことを考える余裕もなかったです。現場ひとつひとつが「次はこの子を起用しよう」というオーディションなんだな、その対応力や受け答えの仕方がとても大事だったんだな、というのをさまざまな現場に行って感じるようになりましたね。

——柔軟な対応や受け答えというのは、自分のなかの引き出しが大事だと思うのですが、何か行っていることはありますか？

本を読んだり、舞台を見に行ったり、テレビを見たり、ひとつひとつ「これも役に立つだろうな」という考えに変化しました。いい景色を見るだけでも、気持ちの揺れ動き方がわかりますし、笑ったり、怒ったり、泣いたり、そういったひとつひとつの感情だけでも「こういうときにこういう声が出るんだな」と。引き出しにしまって、いつでも出せるようにしておこうと意識するようになりましたね。

——当時から今にかけて続けているトレーニングや、喉のために行っていることはありますか？

トレーニング的なことは今はやっていなくて、体を整えるのをメインにしています。普段から意識していることも、本当に普通のことです。マスクして寝るとか、加湿するとか。寝ていて喉が渇かないのはいいですね。そういえば、喉にいいものにやたらと詳しくなりました（笑）。あめとか、プロポリスのスプレーとか、マヌカハニーとか。

——ちなみに声優さんでも風邪を引くことはあるんですか？

人間なので（笑）、引くときは引きますね。そういうときはすぐに病院へ行きます。気をつけていても、人と会うことの多いお仕事なのでどうしても。

現場ひとつひとつが「次はこの子を起用しよう」というオーディションなんだな

——常備しているものはありますか？

ゲーム収録のときに教えていただいて、ずっと飲んでいるのが、かりんのシロップです。それをお湯で割って飲むと、喉にもいいし、咳も落ち着くんですよ。冷蔵庫に常備です。そのゲーム収録が結構ハードで喉が大変になってしまって。

——アニメにはないハードさなのでしょうか。

ゲームはバトルであることが多いので、叫んだり戦ったりと、喉に負担がかかるセリフが多いほか、何日かに分けて何千ワードも録るので、一度の収録で4~5時間かかるんですよね。これはアニメではあまりないかなあと。しかも、何日もひとりでブースに閉じこもってひたすら収録していくので、それも過酷ですね。寂しくなります（笑）。何時間も自分だけとずっと向き合うって、結構しんどくなっていくんですよね。

——収録は座って行うんですか？

ゲームの場合、そういう長い収録のときは座りで収録しますね。

——声優は普段立って収録しますよね。やはり立ったほうが声は出ますか？

と思います。でも、ゲームとアニメの声の出し方はちょっと違う気がしますね。洋画の吹き替えとかとも、また声の出し方が違うと思うんですけど。

——吹き替えの経験は？

ありますね。すっごい難しかったですね。声の出し方とか、お芝居の仕方とかがアニメやゲームともまた違っていて。「奥が深いんだなぁ」って思いました。ひと口に声優といっても、いろいろな声優さんがいて、いろいろな活躍の仕方があるんだなと思いました。

声優デビューから10年
将来の声優へ向けて

――声優として10年活動されてきて、「『ミルキィホームズ』の佐々木未来さんだ」「『けものフレンズ』の佐々木未来さんだ」という人も出てきて、そのなかから声優を目指す人も増えてきていると思います。10年前とくらべて「業界が変わったな」と思うところはありますか？

　年齢はすごく感じますね。私が声優を始めた10年前は、高校生はまだ珍しくて。小倉唯ちゃんは制服姿でアフレコ現場に来ていましたけど。それが、いまや中学生も普通にいるんですよね。あと高校で声優の勉強ができる学校もある。そういう子たちが制服姿でオーディションに来ているのを見ると、「年齢がどんどん若くなっていっているな」と。「うかうかしていられない」と、少し恐ろしく思いますね。

――この本の読者に向けてメッセージをお願いします。

　この本のいいところって、家にいながらいろいろなことを勉強できるところですよね。私は「勉強したいのにする場所がない、近くにない」というのを実際に経験してきました。今もまだまだ地域差があると思っています。そういう方たちには特に読んでもらいたいですね。本当に基礎の基礎が載っていて、無駄なことはひとつも書いてないので。お守り代わりに持ち歩いていただいて、「つねに勉強」という意識で頑張っていただけたらなと思います。私自身もまだまだ勉強中ですから、偉そうなことは言えませんけど（笑）。先輩方にもそう言っている方はたくさんいらっしゃいます。

　今の時代、声優は本当に幅広く活動できます。私もいろいろなことをやっています。ラジオやテレビ、バラエティやライブ、ユーチューブ……。「自分は何を目指して何がしたいんだろう」という時期も確かにありました。でも、どの経験も全部〝声優・佐々木未来〟につながると思って、私に返ってくるだろうと信じて、ひとつひとつやってきました。やるのであれば「振り切って楽しく」が一番かなと思います。「やったことない、不安だな、やだな」じゃなくて。「まずやってみよう」というのが一番大切です。

佐々木未来 *Sasaki Mikoi*

1991年3月30日、岩手県盛岡市生まれ。響所属。『探偵オペラ ミルキィホームズ』の「エリーを探せ！ ミルキィホームズ 声優オーディションツアー」にて、エルキュール・バートン役に選ばれ声優デビュー。第12回声優アワード(2018年)にて〝どうぶつビスケッツ×PPP〟として歌唱賞を受賞。おもな出演作は『探偵オペラ ミルキィホームズ』エルキュール・バートン役、『けものフレンズ』ロイヤルペンギン役など。

佐々木未来　特別オリジナル音声

購入者特典!!

・佐々木未来の本書オリジナル音声がQRコードから聞くことができます!!
・大人気声優の読み方や滑舌、抑揚のつけ方などをぜひ参考にしてみてください。
・佐々木未来ならではの、あんな読み方やこんな読み方であの○○や○○の声が聞けるかも!?

[佐々木未来オリジナル音声]

①P.64／五十音（北原白秋）
②P.66／お祭（北原白秋）
③P.69／外郎売
④P.88／ごん狐（新美南吉）

注意事項
・再生時は通信環境により、別途通信料金がかかる場合がございます。
・端末や通信環境によってはご利用いただけない場合がございます。
・本特典は、予告なく変更・終了することがございます。予めご了承ください

【参考文献】

『放送演技教本』（東放学園）
『日本語の発声レッスン 改定新版・一般編』（川和孝著／親水社）
『10代から目指す！ 声優トレーニング最強BIBLE』（トランスワールドジャパン）
『ぜったい声優になる！ 最強トレーニングBOOK 改訂版』（トランスワールドジャパン）

【参考サイト】

青空文庫「ごん狐」
https://www.aozora.gr.jp/cards/000121/files/628_14895.html
早口言葉ナビ
https://www.hayakuchi-kotoba.com/1001.html
永遠の大学生になるために　早口言葉の難易度ベスト110一覧を紹介！【滑舌練習】
https://www.eternalcollegest.com/entry/hayakuchi
ワケあり！ 鈴木健人のブログ
https://suzukikento.com/

このほかにも多くの書籍やWEBサイトを参考にしております。

モデル：**佐々木未来《ささきみこい》**
声優、歌手。声優事務所「響」所属。岩手県出身。

アニメやゲームでは、「探偵オペラ　ミルキィホームズ　シリーズ」エルキュール・バートン役、

「けものフレンズ」ロイヤルペンギン役、「となりの吸血鬼さん」山田さん役、

「少女☆歌劇 レヴュースタァライト -Re LIVE-」胡蝶静羽役などを演じている。

舞台「DEVIL MAY CRY ― THE LIVE HACKER ―」ではリリ役として出演。

趣味・特技は料理、身体の柔軟、お笑い鑑賞、歌、クラシックバレエ、方向感覚が良い事。

編集	株式会社ライブ（竹之内大輔・山﨑香弥）
ライター	佐泥佐斯乃・遠藤圭子・横井顕
本文デザイン	寒水久美子・内田睦美
表紙デザイン	成富俊英・中多由香（I'll Products）
音声収録	永山武志（オフィスカタリテ）
校正	有限会社　玄冬書林
衣装協力	easyoga（イージーヨガジャパン）http://www.easyoga.jp
カメラマン	天野憲仁（日本文芸社）

佐々木未来《ささきみこい》と学《まな》ぶ!

世界一《せかいいち》わかりやすい最強声優《さいきょうせいゆう》トレーニングBOOK《ブック》

2020年4月10日　第一刷発行

編集協力	専門学校東京《せんもんがっこうとうきょう》アナウンス学院《がくいん》
モデル	佐々木未来
発行者	吉田芳史
印刷所	株式会社暁印刷
製本所	大口製本印刷株式会社
発行所	株式会社日本文芸社
	〒135-0001　東京都江東区毛利2-10-18　OCMビル
	TEL03-5638-1660（代表）

内容に関するお問い合わせは、
小社ウェブサイトお問い合わせフォームまでお願いいたします。
https://www.nihonbungeisha.co.jp/

ISBN978-4-537-21789-6
112200319-112200319Ⓝ01（180008）
URL https://www.nihonbungeisha.co.jp/
